信息不对称下的企业债权人保护研究

林勇军　著

中国财经出版传媒集团
中国财政经济出版社

图书在版编目（CIP）数据

信息不对称下的企业债权人保护研究 / 林勇军著.
-- 北京：中国财政经济出版社，2020. 3
ISBN 978 - 7 - 5095 - 9564 - 0

Ⅰ. ①信…　Ⅱ. ①林…　Ⅲ. ①公司－债权人－权益保护－研究－中国　Ⅳ. ①D923. 34

中国版本图书馆 CIP 数据核字（2020）第 020253 号

责任编辑：彭　波　　　　责任印制：党　辉
封面设计：卜建辰　　　　责任校对：张　凡

中国财政经济出版社 出版

URL：http：//www. cfeph. cn
E - mail：cfeph @ cfemg. cn

社址：北京市海淀区阜成路甲 28 号　邮政编码：100142
营销中心电话：010 - 88191537
北京财经印刷厂印装　各地新华书店经销
710 × 1000 毫米　16 开　13. 5 印张　177 000 字
2020 年 3 月第 1 版　2020 年 3 月北京第 1 次印刷
定价：68. 00 元
ISBN 978 - 7 - 5095 - 9564 - 0
（图书出现印装问题，本社负责调换）
本社质量投诉电话：010 - 88190744
打击盗版举报热线：010 - 88191661　QQ：2242791300

前 言

现代社会的正常运行需要一定的基础，而债权人利益的有效保护正是其得以正常运行的基础之一。现代社会存在的债务契约都是在人们自愿承诺基础之上形成的，因此，我们就应该充分尊重和切实有效地保护债权人利益。然而，在理论研究中，股东利益尤其是中小股东利益保护得到广泛关注，而同为企业融资方的债权人的利益保护却似乎被遗忘了。在现实经济社会中，我们对债权人利益保护境况同样不能感到乐观，企业骗贷、正常经营中内部控制人对债权人利益的侵害以及破产过程中债务偿还率极度低下等现象在许多国家都很普遍。根据我国银监会披露的数据显示，近几年的商业银行的不良贷款率和不良贷款额在持续上升，说明银行债权的保护工作形势严峻。因此，展开对债权人利益保护问题的全面研究以加强债权人利益保护具有十分重要的意义。

本书基于信息不对称理论，借助于博弈论、信息经济学模型构建等手段，采用案例研究、规范研究和数理实证研究等主要研究方法，从企业债务签约前、企业正常经营、企业破产、企业合并、法治环境以及强制信息披露等方面展开对我国企业债权人利益保护研究。

本书通过对近20年来我国发生的轰动全国的郑百文、

ST东北电、东星航空和赛维等案件的回顾，让大家对债权人利益受损情况有一个清醒的认识，为债权人利益保护的研究工作打下良好的基础。

以银行为代表的金融机构在为企业提供贷款时，面临严重的信息不对称，而信息的不对称又是促使逆向选择现象产生的根源。如果不从根本上解决此问题就谈不上规避银行信贷风险。为有效解决债务融资的逆向选择问题，本书对标准还贷合约进行了改进，标准还贷合约改进的关键之处在于：我们根据企业第一期所进行项目的收益状况和第一期期末的违约状况来决定是否对企业进行惩罚或奖励。假如在第一期期末企业违约了，就会受到一定的处罚；反之，银行应给予企业奖励。这种改进的还贷合约能够实现博弈的分离均衡，有效地把高质量企业与低质量企业相分离，从而有效地使银行信贷风险得以规避。

在企业持续经营过程中，控股股东在公司治理中存在消极作用，会对债权人利益进行侵占，债权人有必要对其利益进行保护。本书分析了控股股东与管理者非合谋与合谋两种情况下债权人保护的问题。在控股股东与管理者非合谋情况下，我们得出的债权人保护结论是：对控股股东侵占债权人利益行为惩罚力度越大，债权人受保护的力度越大，债权人对控股股东侵占利益行为的监督需求就越小；随着控股股东所能控制的项目收益比例的增加，债权人对控股股东的监督力度会变小；随着利益侵占成本增加，债权人可以减少对控股股东监督的力度；当控股股东侵占的比例变大时，债权人应加大对控股股东的监督力度。债权人的监督成本越大，控股股东去侵害债权人利益的可能性就越大。基于控股股东与管理者合谋情况下的分析，我们得出的债权人保护的结论是：对控股股东侵占债权人利益行为惩罚力度越大，债权人受保护的力度越大，债权人对控股股东侵占利益行为的监督需求就越小；随着控股股东所能控制的项目收益比例的增加，债权人对控股股东的监督力度会变小；债权人投入的资金力度越大，控股股东侵占利益的空间越大，债权人越要加强对控股股东的监督力度；债权人的监督成本越大，控股股东越有可能去侵害债权人的利益。无论控股股东和管理者合谋还是非合谋，只要存在有效监督，控股股东与债权人间的利益博弈就会达到均衡，此时，理性的控股股东必然会选择不再侵占债权人利益。控股股东和管理层合谋时侵占债权人利益比非合谋时的可能性更大，因为债权人为保护自身利益需投入的监督成本将会更大，但此时债权人可能会采取不利于债务资本市场的行动。

在企业破产过程中，对债权人来说，企业破产重整成功意味着能获得比破产清算更多的清偿，但企业破产重整失败则意味着将获取比直接破产清算更少的清偿。企业破产时，选择破产重整方案还是选择立即破产清算方案对债权人利益的保护是至关重要的，当然这是有关债权人自我利益保护的问题，债权人必须做出一个正确的决策。本书认为，当债务企业重整成功概率足够大时，债权人要选择重整；否则，债权人立即要求清算企业。债务企业重整前的债务总量越大，债务企业获得重整成功概率就会变得越小，债务企业和债权人双方达成重整协议就越难，所以此时的债权人宜尽早清算以最大限度地保护自身利益。债务企业的初始价值越小，债权人自身保护的策略越倾向选择破产重整。因为，一旦有新的资金注入债务企业中去，其取得重整成功的机会就会变大，债权人利益实现就会相对变得容易。重整失败能带来稳定现金流的概率越小，重整成功和重整失败就越容易甄别，越有利于债权人的保护。当债务企业重整前的债务规模较大时，债权人宜尽早破产清算。

在企业并购时，无论是主并购企业还是目标并购企业都受到积极的和消极的影响，而且并购过程中并购企业债权人由于信息不对称和无并购参与权及决策权导致其处于弱势地位，因此需要完善异议权和知情权，设计债权人派生诉讼制度和明确债权人损害赔偿请求权来提高债权人保护。

立法和执法是债权人保护的制度关键，我国颁布的《公司法》《证券法》和《破产法》3部法律已成为债权人利益保护的法律体系核心。尽管经过20多年的发展和完善，我国在债权人保护法律制度建设方面已取得巨大的进步，但我国仍然存在诸如中小企业贷款难、企业普遍以短期融资为主、“跑跑”企业还很多等现象，这说明我国当前的法律制度仍没有形成稳定的预期，且我国的执法水平也不高。因此，我国的债权人保护法治状况有待改善。我国债权人保护制度可以通过完善债务企业的信息披露制度、完善社会信用制度、完善公司法法律制度的债权保护以及完善破产法法律制度的债权保护来加强。同时要通过提高司法效率和证券监管部门的监管水平来提高执法能力。

信息不对称是影响债权人利益最主要的因素，强制性信息披露可以有效地解决信息不对称问题，为加强对债权人利益的保护，我们需要对强制披露进行约定，如信息披露原则、披露内容、披露途径、信息披露保障机制等。

本书试图在一些方面进行创新研究：第一，突破了以往投资者保护研究更多着重于中小股东的保护研究、很少对债权人利益保护研究的局面，引入了公司治理结构的一个新的切入点；第二，运用信息经济学进行模型构建以使债权人在和债务人签订借款契约前能更好识别高质量的融资企业和低质量的融资企业，从而实现自我保护；第三，运用博弈论思想，构建控股股东和管理层不合谋和合谋两种情况下控股股东与债权人利益博弈模型，以使债权人更好地进行自我保护；第四，运用博弈论思想构建模型，为债权人在破产重整期间进行更好地决策以自我保护；第五，提出国家应在法治规范、信息披露制度等外部治理机制方面给予有力的支持，对债权人保护构建一个相对比较系统的保护机制。

由于对债权人利益保护研究的尝试以及作者研究能力和占有资料方面的局限，本书仍有较多的不足之处：第一，研究对象的特定性问题。书中在债权人自我保护研究中所提到的债权人更多的是指银行债权人，并没有分别对不同类型债权人进行细分研究。随着我国上市公司发行公司债券量的扩大，以公司债券持有者作为债权人保护研究对象将非常有意义。第二，研究方法的深入性。由于自身博弈论理论和信息经济学理论水平尚浅，并没有构造出更精准的动态模型进行分析，是一个遗憾。第三，研究结论的有待证实性。如果有充足的、可靠的财务数据，就可以对控股股东控制下债权人利益自我保护和破产重整中债权人利益自我保护结论进一步进行实证研究，将会更完善，更有说服力。第四，研究内容尚可进一步深入。在企业财务困境期间，究竟是企业流动不足抑或是无法偿还到期债务引起？本书没能建立甄别模型去识别。在破产期间，异质债权人间的利益冲突的协调也是债权人利益保护的一个重要问题。另外，由于描述政府干预程度的数据无法准确获取，尚不能量化分析政府干预对债权人保护的影响程度。

作者

2019年9月

目　录

信息不对称下的
企业债权人
保护研究

绪　　论

第一节 研究背景与意义

一、选题背景

自古以来，债权人利益保护就是作为人类社会生活一个基本的秩序。在西方，自罗马时代开始就有相关法律规定，债务人必须以其一切财产作为担保以偿还债权人利益，自此，无限责任偿还债务满足债权人要求的实践成为根深蒂固的人类哲学。

现代社会的正常运行需要一定的保障基础，而债权人利益的有效保护正是其得以正常运行的基础保障之一。现代社会存在的契约债务都是在人们自愿承诺基础之上形成的，因此，我们就应该充分尊重和切实有效地保护债权人利益。因为当事人履行其承诺的义务有三个意义：一是意味着各类主体（包括个人）获得了真正意义上的自主地位；二是意味着各类主体获得了自由交往的权力；三是意味着各类主体必须承担与其获取的自主地位和自由权力相对等的义务。无论哪种契约债务未被履行，这都是对社会自由、平等理念的伤害，都是对社会正常秩序的破坏。此外，在现代经济社会中，公司的资金虽然有两个提供者：股东与债权人，但人们对股东保护的关注远远超过了对债权人保护的关注，其原因在于：一是受英美国家股东利益至上的思想影响，股东利益与企业的经营业绩挂钩，而债权只是一种固定收益要求权，正常情况下与企业的经营业绩无关；二是我国企业最大的债权人是国有银行，公众对国有资产被侵占现象的反应远没有个人利益被损害来得敏感。公司的决策在大多数情况下由股东来执行最后的决定，不管是大股东还是中小股东在把其资金投入企业时，已经有足够的不收回投资成本的心理准备。可是债权人呢？在公司正常经营的过程中，从某种意义上说，他们无法把握自己的命运。他们并没有过多地追求经济利益，去要求自身利益与企业经营业绩挂钩，只要能收回本金和一点固定利息就足够了。简而言之，债权人相对于股东来说对投资更谨慎，更愿意回避风险，在利益被侵占时，债权人更容易受到伤害。因此，保护债权人的利益是一个非常值得重视的问题。

但是，现实中的债权人利益保护并不能让我们感到满意，因为世界上许多国家普遍存在债权人利益受侵害的现象。Zingales（1994）通过对米兰证券所上市公司的研究发现，意大利存在着许多债权人利益受侵害的问题。Claessens 等（1999）曾对东亚国家或地区 2980 家公司进行研究，研究发现东亚国家或地区也存在着普遍的债权人利益受侵占问题。郎咸平（2001）研究发现，在亚洲家族控股公司中，也普遍存在大股东侵害债权人利益的现象，并且在《郎咸平说：公司的秘密》（2008）一书中强调，亚洲各国（或地区）由于制度、法制落后以及政府腐败等原因，债务会成为家族企业对债权人进行剥削的工具，而现有的公司治理结构又无法从根本上保护债权人利益。

我国债权人利益受侵害问题也非常突出。在 21 世纪前 10 年，从外因看得益于中国经济的不断增长和金融体制的成功改革，从内因看有金融机构内部治理结构的不断完善和不良资产的集中剥离，中国十大上市银行不良贷款额和不良贷款率一度有所下降，但近几年中国银监会披露的数据显示，2014 年 12 月末，商业银行不良贷款额为 8426 亿元，较 2013 年同期增加 2506 亿元，不良贷款率为 1.25%，较 2013 年同期上升 0.25 个百分点；2015 年 12 月末，商业不良贷款额上升至 12744 亿元，较 2014 年同期大增 51.2%，不良贷款率为 1.67%，较 2014 年同期上升 0.42 个百分点；2016 年 12 月末，商业银行不良贷款率为 1.74%，创近 7 年新高，不良贷款余额也达到了 15123 亿元；2017 年 12 月末，商业银行不良贷款率为 1.74%，不良贷款余额也达到了 1.71 万亿元；2018 年 12 月末，商业银行不良贷款率为 1.89%，不良贷款余额也达到了 2 万亿元。从近几年发展趋势来看，不良贷款额会进一步增加，不良贷款率也有进一步上涨的趋势。可见，我们丝毫不能忽视我国银行债权利益的保护工作。近年来，随着经济下行压力加大，我国公司类信用债券市场违约事件有所增多。Wind 数据显示，2017 年，新增违约债券 35 只，涉及发行金额 337 亿元，2018 年跳升至 131 只 1210.8 亿元，违约金额增加了约 2.6 倍。随着信用债违约高潮过后，一批“债市老赖”也陆续浮出水面，进而导致后续处置及债权人利益的保护问题凸显。而其他债权人的利益保护工作同样不能容我们丝毫大意，很多债务人想方设法通过破产权利滥用、通过重组使债务主体模糊化以及其他各种非法手段逃避债务，使债权人无法行使债权，债权利益无法得到保障。这些逃避债务的行为不仅损害了债权人利益，扰乱了社会正常的经济活动秩序，同时败坏了我国正常的投资环境，增大了经济交易成本。

因此，全面研究债权人利益保护问题对债权人利益保护来讲具有非常重要的意义。

二、理论意义

企业本质上是一张“契约网”，企业各种生产要素的提供者之间会形成契约关系，各要素提供者与其他利益主体也会形成契约关系，而这些契约之间并不是孤立存在的，它们相互交织就形成了一张复杂的“契约网”。这张“契约网”把它所涉及的契约各方（主要由股东、经营者、债权人等组成）绑定在一起，企业的效率必须建立在契约各方平等的基础上。具体而言，在公司机构中，除了股东和经营者外，还应有其他利益相关者如债权人、员工等。在公司决策过程时，为实现共同治理目标，公司决策不仅要反映股东和经营者的利益诉求，又要反映其他利益相关者的利益愿望。因此，作为具体执行者，经营者在重视股东利益的同时，要重视债权人利益的实现。在现实经济社会中，公司往往利用竞争、并购、利益相关者等外部因素和手段来解决公司外部治理问题，这恰恰证明了债权人利益保护属公司外部治理内容，当然也属于公司治理的范畴。

早在20世纪80年代，Fama就提出，债权人权益保护是公司治理的应有之义，债权人的行为选择受到很多因素影响，债权人保护机制就是其中一个相当重要的因素，而债权人保护机制的完善就是公司治理结构中一个重要内容。Jensen和Meckling以及Myers也指出，债务融资为公司股东提供了便利条件，使公司股东处于主导地位，他们可以通过非法资产转移等手段实现自己私利，从而有条件损害债权人的权益。我们可以看到，保护债权人问题一开始就属于公司内部治理的范畴。在公司治理结构中，尤其是在公司发生破产清算时，债权人地位得到了夸张性的凸显。因为在公司破产清算时，债权人甚至可以直接控制公司。我们知道，公司治理结构的终极任务就是合理配置公司控制权。

我国关于公司治理多年来的研究和实践证明，专注于以公司内部治理的构建与完善为核心的公司治理结构，遇到了前所未有的“瓶颈”。之所以在挣扎中前行，是因为我们长期忽视债权人利益保护这一公司外部制衡机制在公司治理中的作用，这不但与时代潮流相悖，而且不利于公司治理结构的建立与发展。因此，有必要从现在开始重视债权人利益保护这一外部制衡机制的研究与实践。

本书的理论意义主要表现为以下几个方面：第一，拓宽了债权人保护的研究视角。以往的研究更多把债权人作为公司利益相关者的一部分或直接捆绑在公司治理机制下来考察对债权人利益的保护，或者仅仅是把债权人利益保护作为一个独立的影响因素来研究其他问题，而很少直接站在债权人的角度考察债权人自我保护能力的改善。第二，拓展国内债权人保护的研究方法。目前我国对债权人保护的研究多采用规范性研究（normative research）或数据的经验性实证分析（empirical analysis），相比国外的研究成果，运用博弈论、信息经济学的基本方法建立模型进行实证分析（positive analysis）的很少。第三，拓展国内债权人利益保护的研究内容。对投资者利益保护而言，我国在公司治理方面的研究主要侧重于对中小股东利益保护的关注，而对债权人利益保护的研究则偏少，从国内寥寥无几的债权人利益保护文献来看，很少研究债权人在契约签订前对融资企业的甄别、筛选和企业持续经营下债权人利益保护问题。另外，由于国内的债权人利益保护的机制尚未健全，因此，本书也试图从法治环境和强制性信息披露两个角度来探讨债权人保护机制的改善问题。

三、实际意义

在我国目前企业外源融资结构中，债务融资发挥的作用巨大。有关数据资料显示，在企业资产总额中，债权人提供的资金额度远远大于投资人（表现为负债所有权比率上，总平均值为 1.7388，如仅限于中小型企业范围，其总平均值更是高达 2.2739 之多），反映出债权人为公司提供的资金远远超出了所有者。现代融资理论也已经证明了企业债务的重要性，因此，重视企业债务就应保护债权人利益。对股东权益保护高度重视而对债权人利益视而不见，显然违背了公平正义原则，长此以往，必然会导致社会的整体信用水平低下，社会的经济交易成本提高，从而不利于整个社会财富的增加。从债权人利益保护作为研究对象的意义具体来讲，可以概括为以下几个方面。

（一）债权人层面

债权人保护有利于债权人从事前、事中和事后加强自我保护，从而降低了对外投资风险，增加了对外投资的信心，提高了债权人的盈利能力。

（二）公司层面

债权人保护有利于减少公司债务资金成本，从而提高公司整体价值。债权人的有效保护将决定质量高的企业获得更多的融资；债权人的有效保护可以提高内部控制人利益侵占成本，减少代理成本，从而在一定程度上保证公司运行质量与效率，最终提高公司整体价值；债权人有效保护还可以使有重整希望的企业获得新生，避免破产清算，提高公司整体价值。

（三）社会层面

（1）我国金融体制仍处在改革过程中，债权人保护机制是金融体制改革的一部分，良好的债权人保护可以有效地改善融资环境，将有利于金融体制的长远发展。

（2）我国经济的不断发展得益于实体经济的不断增长，良好的债权人保护不仅可以提高企业资金使用效率还可以优化企业资源配置，从而有效推动我国实体经济增长，最终获取我国经济长期稳定的发展。

（四）国家政策制定层面

有助于国家政策部门更好地理解微观主体的经济行为和债权人行为，有助于动态和发展地认识我国在社会主义市场经济建设过程中的特殊性和复杂性，有助于政策制定者对未来有合理的预期，从而能更好地判断政策制定的合理性，同时也为制度的改革提供理论支撑。

第二节　研究内容、研究方法及可能的创新点

一、研究内容

本书以债权人利益保护为核心，本着理论联系实际的原则，以博

弈论和信息不对称理论为指导，采用规范研究与数理实证研究相结合研究方法进行研究。本书对现实情况下债权人利益受损情况进行了扫描后，首先，通过模型构建使债权人在与企业签约前能有效甄别高质量企业和低质量企业从而实现自保；其次，分析债权人在控股股东控制下和破产重整中进行自我保护的策略；再次，分析企业并购下的债权人的利益保护；最后，提出在目前我国债权人法律保护较弱的情况下，应该对我国法治环境进行治理，并对我国强制性披露提出了一些看法。本书旨在通过对债权人和债务企业发生代理关系的每个环节利益保护的具体分析和对国家外部治理机制的研究，以构建一套行之有效的债权人利益保护机制框架，具体来说，各部分研究内容如下：

第一部分是绪论部分，简要阐述了选题的背景和意义，概括性地说明了本书的研究内容、研究方法和可能的创新之处。公司融资与治理一直都是财务理论研究的中心，而债权人保护又是公司融资与治理中不可回避的一个重要问题。但是国内的研究更多地偏向中小股东保护，而债权人保护几乎成为被遗忘的脚落，正是在这样的背景之下，本书选择其作为研究内容。

第二部分是对问题研究的起因进行理论和现实的阐述。首先阐述了信息不对称对债务资本市场的影响，然后对信息不对称理论进行了综述，最后对债权人保护近 20 年现状进行了扫描并对债权人保护研究理论进行了回顾，从而引出研究信息不对称下对债权人保护的必然性，为本书的研究打下良好的基础。

第三部分通过模型构建，有效地使高质量企业和低质量企业实现“分离均衡”，从而为实现债权人自我保护奠定基础。由于信息不对称下的标准还贷契约无法彻底根除逆向选择问题，也无法规避银行信贷风险。因此，本书采用了一种改进还贷契约，希望借此能够实现分离均衡，有效地把高质量企业与低质量企业区分开，从而使银行有效回避信贷风险，最大化银行期望收益。改进还贷契约的具体安排如下：根据企业第一期所投资项目的收益状况和第一期末的违约状况

（实际上就是观察企业在第一期末是否按照预先的约定还贷）来决定是对企业进行惩罚或奖励。假如在第一期期末，企业违约了，就会受到一定的处罚；反之，银行应给予企业奖励。

第四部分是在企业持续经营期间，基于控股股东和债权人博弈结果，为更直接、有效地保护债权人利益提供一定的思路。本部分主要分析了控股股东与管理者合谋与不合谋两种情况下债权人保护的问题。当控股股东与管理者非合谋情况下债权人保护结论：（1）对控股股东侵占债权人利益行为惩罚力度越大，债权人受保护的力度越大，债权人对控股股东侵占利益行为的监督需求就越小；（2）随着控股股东所能控制的项目收益比例的增加，债权人对控股股东的监督力度会变小；（3）随着利益侵占成本增加，债权人可以减少对控股股东监督的力度；（4）当控股股东侵占的比例变大时，债权人应加大对控股股东的监督力度；（5）债权人的监督成本越大，控股股东越有可能去侵害债权人的利益。当控股股东与管理者合谋情况下债权人保护的结论：（1）对控股股东侵占债权人利益行为惩罚力度越大，债权人受保护的力度越大，债权人对控股股东侵占利益行为的监督需求就越小；（2）随着控股股东所能控制的项目收益比例的增加，债权人对控股股东的监督力度会变小；（3）债权人投入的资金力度越大，控股股东侵占利益的空间越大，债权人越要加强对控股股东的监督力度；（4）债权人的监督成本越大，控股股东越有可能去侵害债权人的利益。无论控股股东和管理者合谋还是非合谋，只要存在有效监督，控股股东与债权人间的利益博弈就会达到均衡，此时，理性的控股股东必然会选择不再侵占债权人利益。控股股东和管理层合谋时侵占债权人利益比非合谋时的可能性更大，因为债权人为保护自身利益需投入的监督成本将会更大，此时债权人可能会采取不利于债务资本市场的行动。

第五部分研究企业破产重整期债权人保护。通过模型分析为债权人在破产重整中做出对自己最有利的决策提供指导，从而实现自身利益的最大化，即最大限度地保护债权人利益。

第六部分研究企业并购时债权人保护问题。首先分析了债权人在并购过程中，无论是主并购企业还是目标并购企业都受到积极的和消极的影响，然后分析了并购过程中并购企业债权人由于信息不对称和无并购参与权及决策权导致其处于弱势地位，最后提出通过完善异议权和知情权，设计债权人派生诉讼制度和明确债权人损害赔偿请求权来提高债权人保护。

第七部分是债权人保护的机制研究。本部分主要从债权人保护的法治环境和强制性信息披露两个方面展开。立法和执法是债权人保护的制度关键，我国必须通过立法的完善和执法效率的提高来保护债权人。信息不对称是影响债权人利益最主要的因素，强制性信息披露可以有效地解决信息不对称问题，为加强对债权人利益的保护，必须加强对企业信息披露的强制约定。

第八部分是总结、政策建议和研究展望。本部分总结本书得出的相关结论，提出相关的政策建议，并指出本书的局限性和进一步研究的方向。

上述内容，可以以更简洁的框架图表示，如图 0.1 所示。

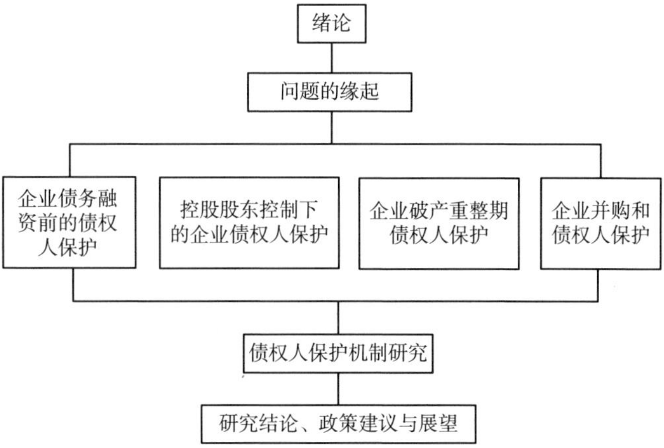

图 0.1　本书的研究框架

二、研究方法

本书基于信息不对称理论，借助于博弈论、信息经济学模型构建等手段，采用案例研究、规范研究和数理实证研究等主要研究方法，从企业债务签约前、企业正常经营、企业破产、企业并购、法治环境以及强制信息披露等方面展开对我国企业债权人利益保护研究。

本书在第二章企业债务融资前的债权人保护、第三章控股股东控制下的企业债权人保护以及第四章企业破产重整期间债权人保护的研究中，都使用了模型构建的实证研究方法。在第一章分析信息不对称对债务资本市场的影响、信息不对称相关理论综述和债权人保护的研究综述中、在第五章对企业并购下的债权人保护研究以及在第六章企业债权人保护机制研究中，均采用了规范研究方法。本书在第一章我国债权人保护现状中，运用案例研究方法对我国近 20 年债权人利益受损情况进行了回顾。

三、可能的创新

纵观全书，可能的创新点主要表现在以下几个方面：（1）拓展国内现有关于债权人保护的研究内容。对于同为弱势群体的中小股东和债权人来说，目前国内外对中小股东的保护研究较多，而对债权人利益保护研究相对偏少，中国作为一个以债务融资为主的国家，债权人利益保护对中国未来经济发展的影响更大。（2）运用信息经济学进行模型构建以使债权人在和债务人签订借款契约前能更好识别高质量的融资企业和低质量的融资企业，从而实现自我保护。（3）运用博弈论思想，构建控股股东和管理层不合谋和合谋两种情况下控股股东与债权人利益博弈模型，以使债权人更好地进行自我保护。（4）运用博弈论思想构建模型，为债权人在破产重整期间进行更好地决策以自我保护。（5）在研究国内外已有相关文献的基础上，围绕债权人资金进入企业前，企业在正常经营过程中，以及企业处于特殊情况下（如企业破产重整、企业并购等）进行了债权人保护的分析，并在本书后半段提出国家应在法治规范、信息披露制度等外部治理机制方面给予有力的支持，从而对债权人保护构建一个相对比较系统的保护机制。

第三节　债权人的界定

债的主体有两方，有权利要求对方为或不为一定行为的人为债权人。一般来说，根据债权人与企业发生债的原因不同以及在债权债务关系中所处的地位不同，我们可将其分为主动债权人、被动债权人和社会债权人三种。主动债权人，又称自愿债权人，即企业契约债权人，因其与企业的债权是在和企业主动谈判与协商的基础上自愿形成的，而且可以主动了解企业所披露的信息、企业代表机构、企业资本、资产甚至资信等状况，因而被称为主动债权人；被动债权人，又称非自愿债权人，即企业侵权债权人，是企业在营利过程中，因与外部接触，外部人即有可能因企业本身行为或其雇用人行为而受到损害，从而对企业产生债权，侵权引起的债即为被动债权，对企业拥有被动债权的主体因而被称为被动债权人；另一类债权人是社会债权人，他们代表着全社会公共利益。社会债权人对企业所享有的债权，并不是事先契约约定的，也不是一定存在侵权事实，只要法律赋予了对应的债权，即可向企业主张债权，因而又被称为法定债权人。例如，当企业员工或顾客被侵权、企业浪费社会资源、企业破坏生态环境等时，政府就可以成为社会债权人，向企业主张债权。前两类债权人是最为典型的公司债权人，属于狭义债权人的范畴，而后一类则是具有广泛意义的债权人。本书所论及的债权人主要指主动债权人，当然也不排除社会债权人这一范畴。虽然我国企业债券市场开展得比较早，但发展十分缓慢，无论与西方发达国家还是与亚洲其他发展中国家相比，我国企业债券市场被远远地抛在身后，这种落后已致使其严重不能适应我国经济发展对其提出的要求。目前我国债券市场总量偏低，且企业债券规模小，这就造成在企业债务所有权结构中债券融资（公共债务）很少。在我国，无论是上市公司还是非上市公司，其最大（潜在的）债权人就是银行，制度的变迁必然对这类债权人的影响最大，所以本书的债权人主要是指银行，但也不排除其他债权人。

另外，需要说明的是，在本书所界定的债权人是单纯的债权人，而不是混合型的债权人，其并不持有公司股票，所以无法以股东的身份享有查阅公司信息、参与公司决策等权利。

第一章　问题的缘起

第一节 信息不对称对债务资本市场的影响

有效市场假说[①]是由法玛（Fama，1970）提出的，它描述了一个理想的有效市场。在有效市场上，证券交易者只能根据已知的信息获取正常的收益，而不能获取额外的信息，实际上暗示了在有效市场上市场参与者只能获取充分的对称的信息，而不能获取非对称的信息。但是，我们可以发现信息不对称在经济系统中是普遍存在的，信息不对称会引起诸如逆向选择和道德风险等问题。当市场上的信息不对称时，债务市场的双方总是力图获取各自最大的利益，因而交易双方之间要么产生难以逾越的鸿沟，要么双方必须产生诸如信息搜寻成本、信息传递成本等代价，从而直接或间接影响到整个债务资本市场。

一、对债务融资来源结构的影响

企业进行债务融资的方式有很多，究竟会选择哪种方式进行融资将受到种种因素的影响。银行贷款是各国企业选择较多的一种债务融资方式，从融资总量上看，在我国表现得尤为明显。银行贷款与发行公司债券融资相比较，具有一些明显的信息优势：其一，从信息生产方面讲，银行在生产信息的各个环节，如信息收集环节、信息加工环节以及信息处理环节等，都具有相当的专业化优势。借款人（债务人）的私人信息掌握得越多，对贷款人（债权人）越有利，但挖掘借款人的私人信息并不是一蹴而就的，它需要专门的技巧，越是复杂的项目，需要的技巧水准越高。银行长期从事这方面专业化业务，使其具备更熟练的、更高水平的技巧，并且还可以借助它们所聘请的信

---

① 有效市场假说最早是有 Fama 提出的，它是学者研究金融市场上一些问题的一个非常重要的理论基础。

贷评估专家的帮助，从而使银行具备节约信息生产成本优势。另外，银行通常还可获得公司债券持有人所不能获取的关于公司非公开信息。公司债券投资者的数量众多，每个债券投资者持有的债券也有限，而一个银行提供给融资公司的借款相对单个的债券投资者来说一般要多很多，融资公司更有可能和银行之间形成熟人关系，银行获取内幕信息就更为容易。其二，考虑到银行在信息生产方面具有优势，如果其在公开市场上购买某公司的债券，就相当于向其他投资者传递了一个投资信号。但银行本质上从事的是私下贷款，其他投资者就无法享受“搭便车”的好处，那么银行就可以从信息生产中获取额外的利益。其三，银行不仅具备信息生产者身份，还具备投资者监督代表身份，所以其具备天然的比较优势。如果投资者购买债券，那么就意味着投资者直接把钱投资到借款人，相应地就需要投资者自己承担信息成本和监督成本以防止逆向选择和道德风险，但是如果投资者将钱存入银行，那么他们就会降低监督成本和交易成本①，此时未来的风险将由银行完全承担。考虑到我国处于主导地位的银行具有国有性质，银行存款几乎没有什么风险。故在现实经济社会中，银行融资比例在债务融资结构中占据主导地位就很成为客观现实。

二、对债务融资期限结构的影响

Flannery（1986）在其论文《不对称信息和风险债务到期选择》②中提出，当资本市场投资者和公司内部人对公司预期具有相同信息时，公司债务定价属于正常的，而当公司内部相比外部投资者能获取更系统的信息时，他们将选择发行市场高估最多的债券，那么理性的投资者会试图根据公司的财务结构推断公司内部信息。因此，高质量

---

① 投资者贷款给融资公司前发生的信息搜寻成本和实施交易的其他成本。

② Flannery，M. J.，Asymmetric Information and Risky Debt Maturity Choice，*The Journal of Finance*，1986，41（1）：19－37.

公司会偏好选择发行短期债务，低质量公司会偏好选择发行长期债务。当公司选择发行短期债务时说明其是一个好的信息，而公司选择发行长期债务说明其是一个坏的信息。这在逻辑上形成了债务期限的选择相对于向市场传递了信号。但实际上，如果交易成本为0时，公司财务结构并不能向市场提供有效的信号。只有交易成本不为0时，高质量公司才能向市场展示它们的真实质量。

Goswami 和 Rebello（1995）在《信息不对称下的债务融资》一文中[①]分析了信息不对称条件下的债务期限结构优化设计问题，研究提出，信息的不对称分布会影响公司债务期限结构。如果信息的不对称是集中在长期现金流上而并没有体现在短期现金流方面，那么信息的不对称会影响短期债务的定价，公司融资时将会选择发行长期债务。如果信息的不对称是集中在短期现金流方面，展期风险并不存在时，那么公司会优先选择短期债务。

Berger 等（2005）收集53家美国大型银行共6000份商业贷款资料进行实证研究，研究结果证明了信息的不对称对债务到期选择的重要性。无论是高风险公司还是低风险公司的债务到期选择显然都符合前人 Flannery 的理论研究结果。而且他们的研究结果还进一步说明信息不对称对债务到期选择具有非常强的定量解释。

我国也有学者就债务期限结构和信息不对称关系作出了研究。胡元木和王琳（2008）基于债务期限结构的信息不对称理论，利用我国1997~2005年沪市A股上市公司数据，通过检验 Flannery 模型，进一步分析信息不对称程度和公司风险等级对我国上市公司债务期限结构的影响效果。他们经过实证研究发现，不对称信息确实影响了公司的债务到期选择。总体上看，当具有较高程度的信息不对称时，无论是低风险公司还是高风险公司都会选择短期债务进行融资，而风险为中等级别的公司选择长期债务进行融资，这与 Flannery 结论相符。

---

① Goswami, G., Noe, T., Rebello, M., Debt Financing under Asymmetric Information, The Journal of Finance, 1995, 50 (2): 633-659.

三、对债务资本成本的影响

一个国家的总体资本成本是与该国的信息透明程度密切相关的。在普华永道[①]支持下形成的以詹姆斯·巴思（James Barth）、托马斯·霍尔（Thomas Hall）为首的五人研究团队选取了遍及全世界的35个国家（或地区）作为研究对象，研究形成了一份“不透明指数”（The Opacity Index）报告，并于2001年1月发布（后来团队解散，也令该报告成为迄今为止唯一的一份不透明指数报告）。该报告主要选取一国的财经政策、会计准则和实务、法律、腐败程度、政府管制等五个方面来构建测算该国的不透明指数，通过建立模型分析其对国债成本的影响，模型结果表明，当一国的不透明指数每增加一分，该国投资者预期利率将会增加25.5%。

微观层面，Lang和Lundholm（2000）也从侧面证明了信息不对称对资本成本有重要影响。他们的研究发现，公司在提高信息披露水平后，常常会发行利息相对较低的债券，这说明公司信息披露水平与债务资本成本间的显著关系是得到投资双方认可的。

王艺霖和王爱群（2014）运用沪市A股上市公司2011～2012年的数据，探究内控缺陷披露与债务成本之间的关系，研究发现，上市公司披露内控缺陷信息会显著提高债务成本。吴明礼和戴荣波（2015）以2007～2012年深圳证券交易所A股主板上市公司为研究对象，通过模型构建检验了信息披露质量和债务资本成本之间的关系。他们的研究表明，公司债务融资成本的下降在很大程度上是由于提升了其信息披露质量。

---

① 是国际上一所非常著名的会计师事务所，与另三家事务所毕马威、德勤、安永并称国际“四大”。

第二节 信息不对称理论研究综述

在现实经济社会中，经济个体所掌握的与某交易行为和交易结果有关的信息可分为两个部分：一部分是公共信息，即所有个体或当事人双方都知道的信息；另一部分是私人信息，即某个个体知道，而其他个体或对方当事人所不知道的信息。当当事人双方无法知道对方各自拥有的信息时，就产生了信息不对称。

不对称信息根据不同的角度划分，可以产生不同的分类结果。从不对称信息发生的时间来看，可以发生在当事人在进行交易之前，即事前不对称信息；也可以发生在交易之后，即事后不对称信息。研究前者的模型称为逆向选择（adverse selection）模型，研究后者的模型称为道德风险（moral hazard）模型。从不对称信息的内容来看，可以是某些参与人的行动（action），也可以是某些参与人的知识（knowledge）。研究前者的模型称为隐藏行动（hidden action）模型，研究后者的模型称为隐藏信息（hidden information）模型。在理论研究中，我们往往将信息优势方称为“代理人”，而信息劣势方称为“委托人”。

根据信息不对称情形进行细分，得到5种不同的模型。信息经济学模型的基本类型见表1.1。

表1.1　信息经济学模型的基本类型

	隐藏行动	隐藏信息
逆向选择		逆向选择模型
逆向选择		信号传递模型
逆向选择		信息甄别模型
道德风险	隐藏行动的道德风险模型	隐藏信息的道德风险模型

资料来源：张维迎．博弈论与信息经济学［M］．上海：上海三联书店・上海人民出版社，2005：236.

尽管信息经济学模型在表1.1中被分为5类，委托代理理论习惯上只是“隐藏行动的道德风险模型”的别称，一般说的委托代理理论仅指这类模型，故信息经济学的模型可简化为两类：一类是委托代理模型，另一类是逆向选择模型（包括隐藏信息的所有类型）。

一、委托代理理论

随着社会经济的不断发展，资本市场的不断完善以及公司治理结构研究和实践的不断深入，在当今经济社会中，人们已越来越普遍接受委托代理思想。然而，在亚当·斯密生活的年代，尽管在当时的实际经济社会中，已经存在大量由于分工和交换所引起的委托代理现象，但是很多人包括许多经济学家也并没有完全厘清委托代理思想。亚当·斯密在其《国民财富的性质和原因的研究》著作中也仅仅是对委托代理思想进行了初步的分析。他提出，在股份制公司中，由于企业的经营权和所有权相分离，导致企业经营者比所有者更清楚企业的经营情况，因此，所有者通常不会干预经营者的经营，只是知足地固定地从公司拿走属于他们的红利。结果是公司的经营者尽力地为所有者打理钱财，这与私人合伙公司经营者纯粹为自己打理钱财是完全不一样的。因此，希望公司经营者像私人合伙公司经营者那样周密地管理监督钱财是很难做到的。这实际上就是信息不对称所引起的委托代理问题。

詹森（Jensen）和麦克林（Meckling）于1976年正式提出委托代理这一理论①。委托代理关系本质上就是契约关系，就是某一经济主体（委托人）聘用另一经济主体（代理人）完成某项任务并支付其相应报酬的一种契约关系，该契约会明确说明委托人和代理人各自的权利和义务。其主要思想就是委托人会设计一套激励机制，激励代理

---

① Jensen, M. C., Medkling, W. H., Theory of the Firm: Managerial Behavior, Agency Costs and Owership, Journal of Financial Economics, 1976, 3 (4): 305 - 360.

人能采取委托人所希望的行动，以保证尽量达到委托人的利益目标。

莫里斯（Mirrless）为委托代理的发展做出了重大贡献，他在20世纪70年代开创了一些奠定其地位的经典的委托代理模型方法，这些模型方法经霍姆斯特姆（Holmstrom）等人的进一步发展，研究出委托代理最优契约基本条件的推导方法，该方法后来被称为莫里斯—霍姆斯特姆模型方法，其进一步推动了委托代理的发展。最优契约基本条件的主要贡献就是导出了信息经济学中激励和保险关系这一基本问题。激励和保险是不相容的，如果一个人是风险回避型的而不是风险偏好型的，那么就让他拿一份固定报酬而不是让他去承担风险，但是这又会让他意识到多劳少劳一样而可能不努力工作。所以委托代理理论认为，对于这种道德风险的解决方案是：绝不能完全让其不承担风险。

二、逆向选择模型

科斯定理认为，在市场交易的过程中，如果交易成本为0，那么交易的效率就不会受到任何影响。但现实世界是摩擦的，交易过程中也必定会产生交易成本，这是制度得以正常运行必然要付出的代价，而信息不对称问题是导致市场交易成本存在的根本原因。

在信息不对称理论中，阿克洛夫（Akerlof，1970）在其《柠檬市场：质量的不确定和市场机制》一文中第一次提出“柠檬市场”模型[①]，开创了信息不对称问题进入系统研究的先河。该论文以信息不对称下的二手车市场为例，研究提出，当买方对交易市场上产品质量信息的掌握相对于卖方来说处于劣势地位时，市场上低质量产品将

---

① 也称二手车市场模型，阿克洛夫仔细研究了二手车市场现象发现，由于买者不知道卖者的二手车的真实质量而只愿意支付市场平均质量的车对应的价格，结果导致进入市场的二手车的质量普遍下降，买者也降到了对车质量的预期，支付的价格继续下降，如此反复，最终导致二手车市场倒闭或市场只存在最低质量的二手车。基于观察的结果，阿克洛夫构建了“柠檬市场”模型。

会逐渐主导市场，而高质量产品将会从交易市场逐渐消失，即“劣币驱逐良币”经济现象的出现，也就是说，信息的不对称是引起逆向选择产生的根本原因。该论文对后来实践的指导意义就在于，市场中行为主体必须通过解决信息不对称来解决市场的失效问题，现实中许多市场制度就是这样产生的。

斯蒂格利兹（Stigliz）和罗斯查尔德（Rothschild）于1976年合作了一篇关于保险市场逆向选择问题的经典论文①。他们认为，在保险市场上，投保人（信息优势方）拥有自己的私人信息，而保险公司（信息劣势方）没有对方的知识。风险程度不同的投保人在选择保险公司提供的一组不同的保险合同时，一定会选择最有利于自己的保险合同。这样，保险公司就能够通过投保人所选择的保险合同来甄别他们的风险类型。这实际上就是信息经济学中信息甄别思想：信息劣势方通过激励机制的设计使信息优势方的私人信息得以显示。斯蒂格利兹和罗斯查尔德认为，均衡可以分为分离均衡和混合均衡，而只有存在唯一的分离均衡才是对社会最有效率的。

在经济学中，信息优势方主动向信息劣势方公开自己信息以解决逆向选择问题的行动被称为信息传递。不同交易市场解决逆向选择问题的方法是不同的，但解决这方面问题的最主要方法还是需要内部人选择一定的方式把自己的信息传递给信息劣势方，特别是信息优势方拥有市场竞争对手不拥有的一些优秀特征时。最早提出市场信号理论的是阿罗（Arrow），但他的贡献主要表现在思想性方面。斯宾塞（Spence）是提出信号传递模型②的第一人，他对信息经济学贡献是开创性的。他认为，买卖市场上买卖双方的信息并不对称，在交易过程中，卖方就必须通过信号传递来说明自身质量的优

① Stiglitz, J., Rothschild, M., Equilibrium in Competitive Insurance Markets: An Essay on the Economics of Imperfect Information, *The Uncertainty in Economics*, 1991, 90 (4): 629-649.

② 斯宾塞的信号传递模型最开始是基于劳动力市场上职工教育选择可视为传递职工未来生产力的信号而构建出来的。

良，否则最终会导致交易行为的无效率。在早期的信息经济学的研究中，人们更多关注的是完全竞争市场上企业资源如何配置从而达到社会效率帕累托最优问题。斯宾塞开创信息传递模型后，以市场是竞争性的和市场信息是完全有效的（即市场竞争假设和完全信息假设）作为假设前提的研究范式得到根本性的改变。后来，斯宾塞又将信号传递模型进一步发展为均衡理论模型，并经其他经济学家不断扩展，不断加以丰富。

前面关于逆向选择问题的研究更多的是以旧车市场、保险市场以及教育市场中的现象为例展开的，实际上资本市场上逆向选择问题也很严重，“劣币驱逐良币”现象同样存在。在资本市场上，外部投资者无法了解企业是否具有投资价值，也就无法作出正确的投资决策判断，为回避风险，相应就会减少资本市场上的投资金额存量。经营良好的企业为扩大经营规模，吸引投资者的投资，就必须将企业具有良好投资价值的信号传递给市场投资者，以影响其投资决策。

证券市场并不都是有效的，也就是说，公司市场价格并不能正确反映出内部人对公司的预期，此时，管理者可能会通过一些财务政策安排，如通过对公司资本结构的改变来向市场传递信号。Ross（1977）提出①，MM 理论是基于市场具有企业活动的全部信息，所以企业价值与资本结构无关，但市场并不都是有效的。导致投资者通过公司市场价格并不能理解企业未来收益和投资风险，而企业内部经营者知道，这就是产生了不对称信息。如果经营者受到适当的激励后，就会选择企业资本结构作为信号工具向外部传递有关企业未来收益和投资风险。一般来说，质量高发展前景乐观的企业会提高其债务融资水平，而质量低发展前景不乐观的企业会降低其债务融资水平。这样，企业的资产负债比例上升表明其是一家质量高的企业，这明显是一个积极的信号；相反，企业资产负债比例下降则表明其是一家质

① Ross, S. A., The Determination of Financial Structure: the Incentive – Signalling Approach. *Bell Journal of Economics*, 1977, 8 (1): 23 – 40.

量低的企业，它就变成是一个消极的信号。因为质量低企业无充足的现金流作支撑，所以其不可能去复制质量高的企业的做法。

Leland 和 Pyle（1977）① 也研究了公司资本结构的信号传递。他们提出，融资双方充分有效的交流是在信息不对称情况下能使公司项目融资能够顺利进行的一个前提条件，信号传递也可以成为双方采取的一种交流方式。持有公司股份的管理者掌握着融资项目质量高低的信息，他们本身的投资意愿可以作为表明融资项目质量的高低，也就是说，内部人持股比例的高低就是一个表明投资项目质量高低的信号。在均衡状态下，管理者持有的公司股份越多，说明投资项目预期价值越高；反之，管理者持有的公司股份越少，就说明投资项目预期价值越低。同时他们还指出企业债务融资比例越高，说明企业的预期业绩越好，企业的预期价值越高，很显然这和罗斯的研究结论是一致的。

Fama 自 20 世纪 60 年代开始对市场效率问题作出了大量研究，并于 1970 年提出了市场有效假说，该假说认为，如果市场是有效的，那么股票价格应该包含企业所有的信息。依据股票价格与信息的关联程度，可以将股票市场分为弱式有效市场、半强式有效市场和强式有效市场。弱式有效市场的特点是股票价格只包含过去价格信息而没有包含所有公开信息；半强式有效市场的特点是股票价格包括过去价格在内的所有公开信息；强式有效市场的特点是股票价格既包括公开信息，也包括内幕信息。因此，在强势有效市场上，投资者即使接触到了内幕信息，也不会获取额外盈利。市场有效假说的提出引起国外许多学者选取不同样本数据、采用不同研究方法研究财务报告信息含量的热潮——特别是会计盈余信息含量的实证研究。大量研究结果表明，在年度收益公布之前，股票价格的变动与未预期收益的变化方向及变化幅度存在显著相关性，这说明，西方发达国家的股票市场具有

① Leland, H. E., Pyle, D. H., Informational Asymmetries, Financial Structure and Financial Intermediation. *The Journal of Finance*. 1977, 32 (2): 371 - 387.

强式有效市场特征。实证研究结论还表明，无论是年度收益的公布，还是中期收益的公布都具有信息含量。

随着中国市场经济体制的逐步建立、证券市场的不断发展和上市公司数量的大幅度增加，研究我国财务报告信息含量时机业已成熟，国内也有部分学者对财务数据的信息含量不断进行深入研究。陈晓等（1999）选取在上海、深圳证券交易所上市的839家A股公司为样本，选用年净资产收益率作为盈余度量指标，运用回归分析，研究发现，我国A股新兴资本市场盈余报告和西方发达国家资本市场一样具有强信息含量。这说明，尽管我国管理体制和会计制度相比西方发达国家还比较落后，但是盈余报告具备信息含量的属性并没有发生变化；虽然投资者了解企业信息的渠道有很多，但是盈余报告对投资者的决策仍占据相当重要的作用。周秀华（2013）选取A股1960家公司作为样本，以2011年第3季度数据作为研究对象，在财务数据公布后，以分析股票价格对好坏消息的市场反应来考察我国会计盈余的信息含量。通过研究发现，区分好消息和坏消息的标准并不重要，无论是以净利润变化作为区分标准还是以营业利润变化作为区分标准，投资者对披露好消息公司的反应明显比对披露坏消息公司的反应强烈，这说明了我国会计盈余是有信息含量的。

第三节 我国债权人保护现状

在国内每一次引起轰动的投资者利益受损的事件中，在学者、实务工作者抑或是媒介工作者中，总有那么多人站出来为企业中小股东鸣不平，而几乎无人为企业债权人损失惋惜。实际上，从历年的郑百文事件、银广夏事件到酒鬼酒事件，再到云南绿大地事件，在每一桩中小股东利益受损事件的背后，企业债权人利益也遭受到重大的损失。为了让大家对债权人利益受损有一个清醒的认识，本书选取了我国20年来发生的轰动全国的几个案件进行了扫描。①

一、债权人利益受损案件回顾

（一）郑百文事件②

按照当时公布的1997年的数据，无论是从主营业务规模财务指标看还是从资产收益率财务指标看，郑百文公司相对于其他在上海、深圳证券所上市的所有商业公司都是处于领先地位的，成为国内上市公司百强之一。然而，1998年郑百文资产负债率却达到98%，并于1999年上升到201.7%，流动资产负债率常年保持在99.6%以上。在1998年春节过后的半年里，建行郑州分行为郑百文垫款486笔，金额达17.24亿元。截至1999年12月，郑百文已欠中国建设银行贷款达19.4亿元。后来，中国建设银行将其债权转让给了中国信达资产管理公司。2000年年初，为了挽救自己的债权，信达公司开始展开了重组之路。郑百文公司当时的第一股东是郑州市政府，信达公司与其谈判破裂后，百般无奈下于当年3月向当地法院申请企业破产，申请债权金额为20.76亿元。

在后来的破产重整的过程中，更大的问题被揭露出来了，郑百文最初并不具备上市资格，其资格是通过报表数据做假骗取的。公司为了骗取上市资格以达到上市圈钱的目的，组建成立一个临时机构，专门集中人力篡改财务数据以期达到我国企业上市资格的每一个指标要求，一应俱全后凭借强大公关能力蒙混过关。上市后，郑百文继续掩盖亏损、制造账面假盈利，甚至将上市募集的近2亿元资金以投资、合作名义拆借、挪用出去而无法收回，使其陷入了一桩又一桩追款讨

① 实际上，几乎每年我们都有投资者受损的案件发生，从中国证券监督委员会每年公布的那么多处罚可窥见一班。

② 这是一起我国资本市场建立初期极其具有代表性的恶性损害投资者的事件，几乎成为一个涉及投资者保护就绕不开的事件。

债的法律纠纷中。所以说，公司账目从一开始就是一片混乱，直到后来纸包不住火了，郑百文才公布重大亏损实情。其实郑百文早在 1996 年上市时资产负债率已高达68.9%，1997 年负债率达到87.97%。当然，故事的最后是以公司被并购落下帷幕。

在这起众人皆知的事件中，我们发现，从公司准备上市到后来破产重组，整个过程中都充分体现郑百文公司对债权人利益的践踏。按道理说，债权人在郑百文资产负债率高企时就应该积极采取措施。但令人匪夷所思的是整个事件过程中债权人根本无法采取措施完成自我保护，其中自有说不清道不明的原因。更加令人瞠目结舌的是中国建行郑州分行和郑百文签订的所有承兑协议都没有保证金，而且申请人和担保人都是郑百文。

应该说，债权人利益受损与郑州市政府的不当行为是分不开的。在具体问题具体分析之前，我们先简要回顾一下我国国有资产管理体制的历史。为应对我国企业处在不同所有制不同经营方式并存的格局，中央在计划经济末期市场经济初期成立国有资产管理部门，国家层面上主要是国有资产管理局[①]，地方层面上主要是国有资产管理处，实际上各级国有资产管理部门都属于政府机构。郑百文是 1998 年前上市的，其大股东是郑州市资产管理处，但从当时的情况看其大股东实质上就是郑州市人民政府。尽管国家 1998 年撤销了国有资产管理部门，但是地方政府的权力惯性决定了其当时仍在行使管理权。我们至此发现郑州市政府既是郑百文公司的股东，又是其担保人，完全不符合现代企业制度规定的“产权清晰、政企分开”要求。所以说，债权人利益受损完全是政府的不当行为造成的。

信达公司为保护自己利益，多次向法院申请企业破产，而法院却坚持认为信达公司提供的破产证据不充分，不予受理。法院堂而皇之

① 但实际上国家并没有建立集中统一的管理机构，还有很多权力分散于财政部、经贸委等部门，其目的是希望建立一个相互牵制的体制，1998 年资产管理局被撤销划归财政部门。

理由是郑百文还没有妥善解决好职工的安置问题，也不能为照顾债权人利益而不考虑大小股东的利益。当信达公司提出，我国公司法及破产法相关规定，债权人有权力在公司资不抵债时向法院申请企业破产，法院却认为郑百文不是普通的企业而是国有企业，不能不顾其他各方面利益而贸然破产，如此一来，债权人利益岂不是进一步受损？

（二）ST 东北电事件

1995 年 5 月 26 日，沈阳高开正式成立，由东北输变电机械制造股份有限公司和锦州电力电容器有限责任公司共同出资设立，其中东北输变电机械制造股份有限公司出资 144925000 元，持股 99.9%；锦州电力电容器有限责任公司出资 1 元。

而东北输变电机械制造股份有限公司和锦州电力电容器有限责任公司同属东北输变电设备集团公司子公司。东北输变电机械制造股份有限公司 1994 年上市，后更名为东北电气发展股份有限公司（后简称 ST 东北电）。

沈阳高开拥有光辉的历史，属国内三大高压开关生产企业之一，并被当时国家计委列入国债重点项目投资企业。作为国债配套资金，工商银行先后向沈阳高开贷款 3.9 亿元。而国开行贷款直接与三峡工程的配套项目有关。1998 年，国开行向沈阳高开提供了 1.53 亿元中长期信贷。2003 年 8 月，ST 东北电将其持有沈阳高开 49% 的股权转让给沈阳诚安电力设备集团有限公司（以下简称“诚安电力”），同年 9 月，诚安电力又向沈阳高开追加投资 608 万元，致使其持股比例增至 51%；而 ST 东北电持股比例下降为 49%，并受让锦州电力电容器有限责任公司 1 元的出资。这里需要说明的是，诚安电力的股东为深圳新泰电力投资有限公司（以下简称“新泰电力”）和沈阳信威物流股份有限公司（以下简称“信威物流”）。2004 年 3 月 2 日，诚安电力将其持有沈阳高开的 51% 股权全部转让给新泰电力，不再持有沈阳高开股份。而新泰电力股东为新东北电气（沈阳）发展有限公司和沈阳万里汽车出租有限公司。不过出人意料的是，2004 年 3 月 15 日，ST 东北电又将其持有的沈阳高开的股权全部转让给诚安电力。至此，持股 49% 的诚安电力和持股 51% 新泰电力已变成了沈阳高开的新股东。新东北电气（沈阳）发展有限公司和沈阳万里汽车出租有限公司则通过持有新泰电力的股权，间接控股沈阳高开。ST 东北电不再持有沈阳高开任何股份，不再有直接的关联关系。

正是这种看似寻常的间接控股，为接下来的暗度陈仓铺设了一条曲折繁复的栈道。2004 年 2 月 26 日，沈阳高开发起成立了沈阳新泰高压电气有限公司（以下简称“新泰电气”），沈阳高开占 74.4% 的股份，另一个股东为香港中兴动力有限公司，占 25.6% 的股份。2004 年 3 月 15 日，沈阳高开再次出资，成立了沈阳诚泰能源动力有限公司。而另一股东来自上述提到的诚安电力，占 5% 的股份。事隔 9 天，沈阳高开又发起成立另一家公司沈阳新泰仓储物流有限公司（以下简称“新泰仓储”）。另一出资方为诚安电力股东信威物流，出资占 5% 的股份。短短 1 个月的运作，显示沈阳高开投资速度惊人。

有关官方资料显示，新泰电气主营业务为输变电高压设备制造、开发、试验、服务；诚泰能源主营业务为风、水、电、汽动力服务和设备维修；而新泰仓储主营业务为租赁、仓储、货物运输、包装和货物配送。经过这 3 家公司的成立和业务运作，沈阳高开输变电高压设备生产过程核心环节已经被全部转移出去。

2004 年 4 月 8 日，ST 东北电对外发布收购股权公告，称“本公司于 2004 年 4 月 7 日召开董事会会议，决定以 12954 万元人民币价格收购沈高公司（沈阳高开）持有的股权投资，并以本公司持有的沈阳添升通讯设备公司 98.5% 股东权益作为收购上述股权投资的全部支付代价”。这样沈阳高开持有刚刚成立新泰电气 74.4% 的股权，被 ST 东北电置换出来，新泰电气落入 ST 东北电囊中。2004 年 4 月 16 日，ST 东北电再次对外发布收购股权公告。公告表示：“本公司于2004年4月14日召开董事会会议，决定收购沈高公司持有的股权投资，并以本公司拥有的对东北输变电设备集团公司7666万元债权及相应的利息作为收购上述股权投资的全部支付代价。”

这次股权交易，ST东北电以持有母公司东北输变电设备集团公司7666万元债权，置换为沈阳高开持有沈阳新泰仓储物流有限公司95%的股权和沈阳诚泰能源动力有限公司95%的股权投资。新泰仓储和诚泰能源两公司也落入ST东北电囊中，至此，经过合资成立的3家公司控制权从沈阳高开转移至ST东北电。

这场“漂亮”的股权收购，以添升通讯98.5%的股权和东北输变电设备集团公司7666万元债权及利息，换得沈阳高开评估价值约37900万元的厂房、设备和土地使用权。

沈阳高开拿出3.8亿元用于生产高压开关设备的优质资产，换回一些几乎收不回来的债权，以及一些劣质的股权，明显是逃避银行债务。工商登记显示，沈阳添升通讯最初只有200万元的注册资本金，2004年3月，ST东北电才以评估价值为1.2954亿元的发电机组入股沈阳添升通讯，持有98.5%的股权，股权置换后沈阳高开拥有相应的股权。沈阳添升通讯10台发电机组大约是30年前就开始启用的陈旧设备，目前能否正常使用都难以验证，因此实际价值几近为0。

至于沈阳高开置换回的7666万元对东北输变电设备集团的债权，由于东北输变电设备集团早在2001年已经没有财产可供执行，这笔债权价值也为0。2001~2002年，国家开发银行和建设银行曾将东北输变电设备集团公司推上法庭，东北输变电集团不能偿还到期债务，被子公司托管。根据沈阳中级人民法院裁定书，已经终结执行输变电集团财产，因为截至2003年9月，输变电集团无财产可供执行。

由此可见，沈阳高开和ST东北电之间的股权置换实为关联交易，通过一系列令人眼花缭乱的交易悬空银行债权，从而达到逃废银行债务5.8亿元的目的。

（三）东星航空事件

武汉东星航空有限公司（以下简称“东星航空”）是由当地东星集团属下的几个公司牵头出资 30600 万元于 2005 年 12 月成立的一家民营航空企业。公司成立之初经营尚可，但自 2007 年，东星航空的经营开始出现问题，公司运转不畅，甚至出现资金链断裂迹象，主要表现为无法正常支付飞机租金、员工工资等状况。2008 年由美国次贷危机所引发的金融危机对中国的影响开始显现出来，东星航空遭受到更大的危机，其资金链难以为继。由于长期收不到东星航空的飞机租赁费，飞机出租方通用电气商业航空服务有限公司以及下属公司等六家公司（以下简称“GECAS 公司”）于 2008 年年底向东星航空下达了停飞通知书。几经交涉百般无奈下，GECAS 公司于 2009 年 3 月以债权人的身份向法院申请东星航空破产，法院依法予以受理。企业发出破产公告后，在指定债权申报期内，债权人一共申报债权 58.36 亿元，在指定的债权申报截止日之后，又有债权人申报债权 284 笔。

实际上，在 GECAS 公司下达停飞通知后不久，东星航空也开始寻求重组之路以摆脱困境。2009 年年初，通过各方面的努力，国航拟收购东星航空并签署了重组意向书，但最终因种种原因，谈判破裂。2009 年 4 月 8 日，中国航油牵头向武汉中院申请重整东星航空。但武汉中院认为，通用公司和东星航空间的协议已经被破产管理人按照法律程序解除，以东星航空目前恶劣的经营状况恢复新生已无可能。按《破产法》法律规定，在东星航空公司已经被债权人通用公司申请破产清算的情况下，由另一个债权人申请其破产重整不符合法律规定。于是，武汉中院最终裁定驳回中国航油的破产重整申请。在后来的 6 月和 8 月，东星集团又相继引入上海宇界和信中利拟重整，但都遭法院严词拒绝。种种的破产重整的努力失败后，东星航空终于走向了破产清算的道路。

2009 年 9 月 14 日，举行第一、第二次债权人会议。2010 年 4 月 29 日举行第三次债权人会议。第一次债权人会议和第二次债权人在同一天举行的本身就意味深长，尽管媒体披露的理由很充分，但是否充分考虑到债权人的利益诉求，他们能在如此短暂的时间达成共识吗？而第三次债权人会议距离前两次债权人会议时间又如此之长，这中间究竟在进行什么的博弈？这同样耐人寻味。在第三次债权人会议上，债权人好像事先已经达到共识，利益分配方案高票通过。这宣告了东星航空破产案总算进入尾声。截至 2010 年 4 月 27 日，经破产管理人核定，最终确定的公司破产债权总额为 9.32 亿元，可供分配的破产财产总额为 2.28 亿元，破产债权和破产财产之间的差额损失超过 7 亿元。如果我们把职工工资及经济补偿、国家税务等优先债权（经计算大约共有 1.07 亿元）考虑进去的话，当然还有依法应予提存的分配额，普通债权人最后真正能够获取的利益只有 1.18 亿元，这只占普通债权 8.69 亿元的 13.68%。这就是企业破产清算中债权人利益受损状况，每 100 元仅收回 13.68 元。

此次东星航空破产案，东星航空对武汉市交通委员会出现在破产管理人中指责甚多，理由是武汉交通委员会和自己有利害关系，然而对东星航空的指责，市交委并没有给出明确的解释。东星航空的破产真相在哪里？至今仍扑朔迷离，公说公有理，婆说婆有理。但是，呈现在我们面前的事实是，贯穿在故事始终的是债权人并没能够通过自己的努力进行破产重整，最终走向了债权人最不希望看到的局面，公司进行了破产清算，债权清算率仅为 13.68%。无论东星航空和武汉市政府在其中扮演了什么样的角色，最大的受害者依然是债权人。

（四）赛维事件

江西赛维作为一家大型光伏企业，一度成为政府重点招商对象，地方政府给予了众多优惠政策吸引其落户新余。起初，江西赛维为地方政府的税收贡献巨大，让地方政府尝到了甜头。可是好景不长，光伏产业的境遇来了一个大转弯。2011 年，因为欧债危机，欧洲市场对光伏需求量急剧萎缩，要知道，全世界范围内一直是欧洲对光伏的需求占据首位，达其所有需求量的 80%，这对江西赛维是一个巨大的打击。2012 年受光伏行业产能过剩和欧美市场“双反”影响，江西赛维集团陷入经营危机。此后，光伏产业便没能有多大起色。

2012 年赛维集团陷入危机之初，国开行仍高调投来合作协议，并且在赛维后续资金紧张时给予了流动性支持，这也使国开行最终涉及赛维的债权以及承担的风险也远高于其他银行。地方政府还不愿意放弃这个他们大力扶持过的企业，发放更多补贴为其续命，并且与各大银行协调，要求给予支持。作为地方龙头企业，江西省政府也牵头多家债权银行对赛维集团连续 3 年进行救助。

2015 年 11 月，江西省新余市中院宣布，赛维集团旗下光伏硅、多晶硅、高科技、高科技（新余）四家公司实施破产重整［赛维集团共有 23 子（孙）公司，剩下的 19 家公司不具有破产重整条件，宣布破产清算］。这次新余市中院裁定的赛维集团破产重整，可视作债权银行与赛维集团眼下这场清偿拉锯战的源起。

2016 年 3 月初，为使债权人就 4 家公司破产重整问题尽快达成一致意见，重整管理人召开了第一次债权人会议。经有关评估机构初步评估，这 4 家公司资产评估总值大约为 122 亿元，其中光伏硅资产估值为 62.6 亿元，高科技的资产估值 47.4 亿元，高科技（新余）5.2 亿元以及多晶硅估值 6.8 亿元。

2016 年 7 月，通过省政府的多方协调，最终赛维集团与易成新能达成协议，由易成新能兼并高科技公司和高科技（新余）公司。另外，韩国第二大硅料生产企业希恩门公司拟重整光伏硅公司。

2016 年 8 月 12 日，重整破产人召开了第二次债权人会议，正式向债权人提交光伏硅、高科技和高科技（新余）3 家公司的重整方案。但本次会议上债权人通过破产重整方案，特别是 4 家公司整体评估价值大幅下调的公布成为债权人非议的焦点。光伏硅、多晶硅、高科技、高科技（新余）在这次会议上的资产估值为25.2亿元、2.8亿元、44.9亿元、3.6亿元，合计76.5亿元，相比第一次4家公司整体估值122亿元下降45.5亿元，降幅达37.3%。特别是光伏硅公司的估值下降37.4亿元，降幅达60%。

2016年10月10日，高科技、光伏硅和高科技（新余）3家公司的破产重整方案未获债权人同意的情况下，以新余中院强裁方式批准通过。据此重整方案，高科技公司经重整管理人认定的债权为210亿元，光伏硅公司债权为150亿元，高科技（新余）公司债权为35亿元，债权总额为395亿元，其中3家公司的银行债权合计达271亿元，占总额的68.6%。国家开发银行债权为73亿元，中国建设银行、招商银行、中国农业银行、中国民生银行的债权也都超过30亿元。经估计，债权银行最终能从这3家公司收回债权的比例仅为14.75%，这意味着，他们后续确认的损失可能达231亿元。

根据重整方案，光伏硅、高科技、高科技（新余）3家公司重整方案均有股票清偿计划，但真正意义上的“债转股”只出现在光伏硅公司，高科技和高科技（新余）两家公司部分债权是以上市公司增发股票清偿，即“以股抵债”。请注意，此类债务转化的只是普通股而不是优先股，在未来利益清偿过程中，普通股的清偿顺序是滞后于优先股的，更何况此时获取的债务只是“有各种条件约束”的普通股，这显然不利于债权人的，相当于“同股不同权”。那么，一旦企业再次经营不善，银行将面临新的股权损失，从而遭受二次损失。

在经历了多次重组失败后，赛维LDK破产重整一事一直拖到2018年1月10日才落下帷幕，两家民营企业禾禾能源及芜湖华融新亚投资合伙企业接盘赛维，共计支付17.95亿元，收购赛维两公司100%股权。作为曾经的中国“光伏奇迹”，赛维LDK曾经创造了中国新能源领域的众多第一，也对江西省和新余市的经济社会发展做出了卓越贡献，但是自公司登陆纽交所，到黯然退市，再到被收购，仅仅走过了10年的时间。最终的普通债权清偿率仅仅为2.3%。

可以说，整个过程都是由地方政府主导的，且未与债权银行进行充分沟通的重整，最终被进行“非市场化”的强裁，整个过程可彻底地称为地方政府主导的“名重整，实清算”。显然，整个债务重整程序存在较大瑕疵，以致估值和清偿率过低，严重损害了债权人的利益。

（五）五洋建设债券违约事件

五洋集团创立于1962年，前身为浙江上虞沥东手工业社，先后经历浙江上虞沥东建筑工程公司、浙江上虞第五建筑工程公司、浙江五洋建筑集团有限公司等发展阶段，1999年改制为五洋建设集团股份有限公司。五洋集团已经发展成为中国500强企业、中国最大500家企业集团。

作为发行人，五洋建设集团股份有限公司分别于2015年的8月14日和9月11日，在上海证券交易所分两期面向投资者公开发行了“15五洋债”和“15五洋02”两只债券，共计13.6亿元。上述两只债券均由德邦证券承销并担任受托管理人。信用评级机构为大公国际资信评级有限公司，证券获得了信用评级AA的评定，其为无担保的信用债券。“15五洋债”的发行额度为8.0亿元，发行期限为3年，票面利率为7.48%。“15五洋02”的发行额度为5.6亿元，发行期限为5年，票面利率为7.8%。“15五洋债”在第二年年末附发行人上调票面利率选择权和投资者回售选择权，“15五洋02”在第三年年末附发行人上调票面利率选择权和投资者回售选择权。仅仅在债券成功发行不到半年时间，五洋建设集团挪用募集资金的丑闻就在2016年4月27日爆出了，并被上海证券交易所通报批评，甚至在2016年年底由于没有披露被列入法院失信被执行人名单，而被上海证券交易所处以停牌的处罚。在2017年接近“15五洋债”债券回售权选择期时，五洋建设集团还发生了隐瞒更换审计机构，并且无法按时披露2016年年报的事情，此事一经披露立刻引起了投资者的不安情绪。2017年7月，五洋建设集团债券在上海证券交易所复牌以后，债券价格暴跌，临近债券利息发放日和回售日，其一直未能拿出让投资人满意的偿债安排，投资者的情绪愈发恐慌，同时监管机构一再对其作出批评和处罚。最终五洋建设集团在债券付息日和回售日未能付息和回售债券，在2017年造成“15五洋债”的实质违约，同时由于“15五洋02”存在交叉违约条款，也造成了“15五洋02”的债券违约。

有关资料显示，五洋建设确属骨灰级“老赖”。自2015年至2019年1月，五洋建设共146次进入失信执行人名单。其中，2015年、2016年及2019年分别失信1次，其中98%的失信案件发生在2017年和2018年，分别计入失信执行名单56次和87次。最近的一次失信案发生于2019年1月11日，五洋建设应在2月10日之前偿付厦门喜居活动房有限公司安装费94080元。但最终五洋建设全部未履行，失信被执行人行为具体情形被标注为“有履行能力而拒不履行生效法律文书确定义务”。与此同时，五洋建设实际控制人陈某樟目前已身负限制消费令228次。中国执行信息公开网发布的限制消费人员显示，除2016年4次之外，其余224次消费禁令全部发布于2017年、2018年两个年度内；案件涉及鲁、浙、桂、闽、粤、苏、川、黔、辽、陕、豫、皖、渝和沪，共14个省和直辖市。匪夷所思的是，2017年12月底，五洋建设实际控制人陈某樟进入“浙江脊梁”候选人名单，有关媒体大篇幅介绍了其主要业绩，但后续并未见“浙江脊梁”的评选结果发布。

五洋建设涉嫌欺诈发行，在履行信息披露义务、配合开展风险排查和处置等方面态度不积极，而且在企业注册地法院受理、推进破产程序进展缓慢。截至2019年年初，五洋建设的违约情形尚未消除。在五洋建设债权人求偿的道路上，针对五洋建设申请破产事宜，当地各方推进效率甚低。早在2017年8月底已有债券持有人向绍兴市中级人民法院递交了针对五洋建设的破产申请材料，然而，一年零 3 个月之后，直到 2018 年 12 月，绍兴中法才受理相关申请人的申请。以这样的效率和速度，债权人想求得五洋建设的赔偿，前景令人绝望。

在现实的公司治理结构中，地方政府、发行人股东是相对强势的，而大量、分散的债券投资者成为整个利益相关者中最易被忽视的群体。债权人具有先天的脆弱性，其中有法律的、商业竞争的，甚至约定俗成的一些因素所致。可以参照和类比的是，股票市场的发展初期，也经历了“大股东掏空上市公司”“中小股民利益得不到保护”等问题，从某种程度上来说，现阶段的债券投资者权益保护的问题堪比之前股票市场里中小投资者权益保护的问题，可以通俗地理解为众多债券投资者出钱了，市场得到大发展了，但是其相应的权益保护机制，还远远没有发展成熟，并随着违约问题的暴露而凸显。

中介机构的市场影响力也大多以规模排名为主，中介机构对于所服务的债券优质发行人都是积极营销和竞争的态势，比拼的都是销售实力。在此背景下，那些容易对发行人形成制约的但却在日后可能真正成为保护投资者的那些法律条款，中介机构自然无暇多顾。

国家有一整套《破产法》等法律法规，但从法律惯例上和实务上来讲，“存在感”还是比较弱的，就没有美国法律下那种“可以直接提起破产清算”的强烈的约束感，尤其是在国情下，还有地方政府维护地方稳定、就业和经济发展，在其中起到或多或少的作用。

总之，在五洋建设集团债券违约过程中，暴露的问题有很多，在这些问题无法一时解决之前，债券持有者这些弱势的债权人利益是实实在在地受损了。

二、案件启示

我国目前的股票资本市场还不成熟，难以满足众多企业的融资需求，债务融资方式仍属于我国企业主要的融资方式。然而，从前面的案例中，我们可以发现我国并没有充分尊重和保护债权人利益。

（一）弱法律保护

我国的法律体系还非常薄弱，中国法律对债权人权利的保护是非常不够的。早在1998年，La Porta等（以下简称LLSV）选取了遍及全世界的49个国家作样本，研究了这些国家的股东保护和债权人保护法律制度问题[①]。Allen等（2005）按照同样的逻辑，使用了与LLSV类似的措施研究测量了中国法律制度，并与LLSV研究中的这49个国家进行了比较，从而得出这样的结论：LLSV样本中绝大部分国家的股东保护法律制度和债权人保护法律都比中国的法律制度强，在法律的执行力方面，中国的得分更是显著地落后49个国家的平均水平。需要注意的是，这49个样本国家有发达国家，但也有像印度、南非、墨西哥这样的发展中国家。肖作平等（2007）的研究也认为中国相关法律制度对债权人的保护还不充分；中国的相关法律制度并不健全，执法部门在执法过程中随意性也偏大。

我国现有的相关法律体系尚不健全。我国的《公司法》并没有规定控制股东需要对债权人承担信托责任，债权人利益就不可能成为控制股东进行公司各项决策所必须考虑的一个因素。而且，现行的《公司法》规定董事、监事等管理层代表的是股东的利益，这意味着公司在经营决策中首要考虑的是股东的利益而不是债权人的利益，同时也意味着在公司正常经营过程中债权人参加公司决策缺乏正常的法律途径。例如，美国有关法律中明确规定可以同时动用民法和刑法打击伪造财务数据进行金融诈骗的行为，而我国明显缺乏能有效惩戒此类行为的法律。在我国现实情况中，我们以是否非法占有目的为依据把金融诈骗分为两类：第一类是以非法占有为目的的金融诈骗，其特

① La, Porta R., Lopez - de - Silanes, F., Shleifer, A., and Vishny, R. W., Law and Finance, *The Journal of Policical Economy*, 1998, 106 (6): 1113 - 1155.

点是，行为人从主观目的上看是准备将骗取的资金为个人所有。第二类是不以非法占有为目的的诈骗，从主观目的看是骗取的资金为企业所有。目前我国涉及银行的金融诈骗一般是第一类。我国《刑法》规定金融诈骗必须满足“非法占有为目的”这个条件。而上述第二类，行为人的贷款目的不是非法占有，根据我国现行的《刑法》判定，其并不属于金融诈骗，我们就不能依据《刑法》对行为人进行打击，而只能根据现有的《合同法》追究其民事责任。显然，由于相关法律的缺陷，我们对不以非法占有为目的的金融诈骗就缺乏足够的威慑力。这直接导致我国金融纪律难以有序建立，银行的不良资产也难以有效管理，这大概也是我国近几年银行不良贷款额和不良贷款率持续上升的原因。郑百文事件是一件赤裸裸的非法占有资金的恶性事件，不具有上市资格的企业通过提供虚假信息成功上市，从而蒙蔽了债权人的双眼，最终使债权人遭受到严重的损失。因此，如果我国法律不能对债权人利益实施有效的保护，那么债务人违约受惩罚的概率就会降低，反过来，变相激发债务人的机会主义行为，无论是债务签约前的逆向选择还是签订后的道德风险都无法有效杜绝，更有利于债务人对债权人利益实施侵害。

（二）破产制度成为企业逃债的工具

破产制度的制定就是为了保护债权人的利益，其就是悬挂在债务人头顶上的“正义之剑”，极大地约束了债务人的行为。完备有效的破产制度既成为债权人投资的坚强后盾，又时刻准备对债务人实施致命惩戒。尽管我国已于2006年颁布了新修正的《破产法》，并且在随后的工作过程中对新修正的《破产法》不断进行修修补补，然而在实际操作中却始终经不起实践的检验。例如，我国上市公司破产机制一直以来就没有真正落实过，出现这种情况既有我国上市“壳”资源短缺这样的客观原因，也有地方政府扶持这样的主观原因。总之，在现实生活中，影响比较大但最终进行破产清算的公司少之又少。

理论上，破产制度可以有效地约束债务人，并促成企业控制权从债务人转向债权人，但实际却相反，在我国几乎异化成企业逃费债务的工具。在我国破产法律、政策存在着很多缺陷，这极大限制了债权人权利的实现，如破产诉讼权、破产财产分配权等权利，而且在我国有些地方政府滥用中央政策的情况还很严重，这些都是导致我国破产债权清偿率极低的原因。据世界银行研究报告显示，在我国国有企业破产过程中，银行债权的回收率非常低，一般仅有3%～10%。非但如此，企业经过破产重组或破产清算后，大多数破产前的在位管理者仍然在企业里任职，带病上班，继续从事经营决策，或许这里面唯一的变化是企业以前的大部分债务已消失。银行债权人在融资过程中并不能筛选融资企业，对债务企业相机控制成为空谈，破产制度反而成为借款企业约束银行的手段。

（三）政府干预过度

我国企业债务融资方式基本上是银行信贷、发行债券和利用商业信用，在这3种方式中，银行信贷是占据主导地位的，而我国商业银行资金的流向和银行利率都绝对受中国人民银行监督，中国人民银行本质上并不属于银行，而是政府的管理部门，也就是说我国银行信贷受政府约束和控制。我国国有企业当然受政府的关注，所以我国的银行和国有企业间的借款契约本质上属于“内源融资”性质。国有商业银行既是资源配置者又是资金供给者。这使银行债权利益保护的难度相对大，既要防止债务人的侵犯，又要抵抗政府行政的压力。在过去30余年一系列的改革中，政府一方面想方设法“减政放权”“转变政府职能”，另一方面却不断增加其支配资源的能力；尽管我国市场经济体制业已形成，但其“特色”的帽子仍未取下来，各级政府干预经济实体的现象仍大量出现。支持什么项目不支持什么项目银行并没有自主权，仍是政府说了算。我们发现，无论是郑百文事件还是赛维事件，从头至尾都贯穿政府的影子。此外还应该看到，正是因为地方政府为该项目一路绿灯，为企业做出的隐形担保，使银行违反国家管理规定，超额放贷。不难看出，当国有银行有来自政府的保护或预期会得到政府保护时，银行就积极地提供信贷，而且缺乏足够的动力对贷后进行监控。同时，国有企业贷款决定也缺乏必要的论证，有时候可能自身并没有贷款需求或者并没有实力贷款，但是只要有机会就一定尽量争取贷款，也使其获得贷款后的道德风险陡增。从东星航空的成败史看，该公司从最初的组建成立到最终的破产清算过程，地方政府始终扮演重要的角色，当然，最终还是债权人成为最大的受害者。另外，赛维破产重整案也暴露出当下由政府主导的破产重整的一些弊端。我国司法解释上一些规定（如清算组成员可以由政府部门派员）在某些地方直接成为政府干预地方经济的一个托词。在当地政府的主导下，清算组的成员实质上演化为由当地政府官员加其他专业人员组成，此时，法院指定清算组为重整管理人，实际上是企业破产重整由地方政府主导。这个时候，重整计划的制定过程不是债务人和债权人等利益方之间的充分谈判、协商和博弈，也缺乏具有投资银行专业的财务顾问提供多种工具以平衡各利益方的利益，致使制定的重整计划违背利益方共同分担重整损失和共享重整收益的重整原则。当极不公平的重整计划遭到债权人等利益方反对时，法院却强裁批准通过。因此，在债权人法律保护水平较低的情况下，政府干预可能会导致债权人权利受到侵害。

（四）银行自我保护能力缺乏

如前所述，虽然目前我国银行从理论上讲已脱离政府限制，但我国的商业银行和国有企业之间的债务契约从本质上讲就是“内源融资”。我国国有商业银行表面上扮演的是资源配置者，但实际上是资金供给者。在计划经济时代我国的银行被当作国家机关，并不是一个独立经营、自负盈亏的企业。因此，这种长期以来的政企合一的制度惯性直接导致政府仍习惯性地采用各种方式干预银行的经营活动。政府的这种干预不可能遵循经济效率原则，因为政府干预结果的好坏并没有对其形成直接影响，不需要承担任何具体经营责任。这就引致出一系列问题的产生，政府往往会行政干预促使银行向低效率的国有企业投放根本无法收回的贷款，这显然会恶化银企债权债务关系。国家在意识到当中的严重性后，大胆向银行管理体制“开刀”，开始逐步改革国有银行制度，股份制的改革使银行显现了极大的活力，显著提高银行经营水平。但是，在长期的国有制产权结构模式下，银行的经营受上级和政府的双重控制现象并没有得到彻底改观，经营自主权仍受到很大制约。从债权人自身利益考虑，如果债权人发现债务人风险高企时，就应当及时地毫不留情地通过“逼债”来进行自我保护，当风险尚处在可接受范围内时，可进行约谈或通过其他措施以阻止对方企业债务继续高攀和财务风险的不断增大。但可惜的是，在现实社会中，债权人很少能够正常实施自我保护措施，可见一定有某些外部因素限制了其自主的经济行为。此外，银行自身也存在一些问题，如防范信贷风险责任感缺乏，风险管理理念仍然很落后，内部激励机制尚须建立。显然，我国银行自我保护能力仍很缺乏，这需要从外部环境构造和内部管理机制完善这两个方面抓，而且都要硬，否则，未来银行不良资产额和不良贷款率的继续提升是不可避免的。

（五）资本市场中的会计信息失真

在缺乏债权人应有的监管和约束之下，任何一种产权性质的公司实际控制人都非常可能借助财务政策和利润操纵侵占其利益。因此，会计信息质量的高低，直接影响到投资者利益保护。2006 年实施的新会计准则中明确提出了将债权人作为主要的信息使用者、会计信息要对债权人决策具备决策有用性的会计目标，但实际上我国企业会计信息的信贷决策有用性并不高。

相反地，通过对曾过度负债或发生债务危机的上市公司分析发现，除了所有制结构、政府干预、治理结构等方面的原因外，还与上市公司粉饰财务报表，关联交易，担保信息披露等有联系。郑百文公司通过种种拙劣的手段进行造假，居然能骗取上市资格，并能在公司经营不善的情况下，使其1997年的财务数据那样漂亮，主营业务规模和资产收益率这两项主要财务指标都居然能够领先于其他所有商业公司。沈阳高开和ST东北电之间通过一系列令人眼花缭乱的关联交易悬空银行债权，从而达到逃废银行债务5.8亿元的目的。如果说郑百文属于比较早的案例的话，那么云南绿大地就是近几年发生的轰动一时的类似案例。虽然信息披露一直是职能部门强调关注的重点，但是好像从来就没有做过真正改变一样，几乎每年都有一些因为信息失真而遭到证监会处罚的上市公司。我国还是一个发展中国家，转型经济市场监管薄弱，会计以及审计标准松弛，使外部投资者面临更强的信息不对称，不排除国内上市公司借扭曲的信息披露让信贷银行做出逆向选择以及延缓违约风险被发现的可能性。因此，保护债权人利益必须从提高会计信息质量入手。

第四节　债权人保护的研究综述

一、国内外文献综述

Berle和Means（1932）的著作《公司与所有权》[①]可以视为美国公司法的基础，它从法律和经济两个视角研究了企业的演变史，提出了在现实世界中拥有所有权的人已丧失了对公司的控制权，即著名的“控制权与所有权相分离”观点。自此之后，大多数学者把他们的注意力集中在分散控制的公司里，以研究公司内“强有力的领导者”和公司外“软弱的持有者”间的委托代理问题。但是，随着研究的

① Berle, A. and Means, G., *The Modern Corporation and Private Property*. NewYork: Transaction Publishers, 1932.

不断深入，另一种代理问题引起了他们的关注。企业实际控制人在经营过程中，往往不是以企业价值最大化作为他们的经营目标，更多的是追求个人私利，谋求自身利益最大化，而不顾中小股东和债权人这些外部投资者的利益。正如LLSV总结的："在投资者法律保护较弱的情况下，多数国家大公司的中心代理问题是如何限制内部人侵害外部投资者的利益。"[①] Zingales（1994）通过对米兰证券所上市公司的研究发现，意大利存在着许多债权人利益受侵害的问题。Claessens等（1999）曾对东亚国家或地区2980家公司进行研究，研究发现东亚国家或地区也存在着普遍的债权人利益受侵占问题。郎咸平（2001）研究发现，在亚洲家族控股公司中，也普遍存在大股东侵害债权人利益的现象，并且在《郎咸平说：公司的秘密》（2008）一书中强调，亚洲各国（或地区）由于制度、法制落后以及政府腐败等原因，债务会成为家族企业对债权人进行剥削的工具，而现有的公司治理结构又无法从根本上保护债权人利益。

因此，对债权人保护研究迫在眉睫。经本书对文献的梳理，总结目前国内外对债权人利益保护研究主要在以下几个方面。

（一）契约安排和债权人利益保护

债务契约的主要特征是通过有关条款的安排，使债权人可以有效获取权利价值的形势变化情况，在契约的基础上采取更有效的措施以保护契约债权人的利益。Townsend（1979）认为，当信息是完全的并且是对称时，就可以构建一个典型的标准债务契约，通过其有关具体条款的安排就能够实现债权人利益最大限度的保护。Diamond（1984）发展了一种基于监督成本最小化的财务中介理论，这非常有利于解决借款人和贷款人间的激励问题，可以实现对债务契约的优化。考虑到有成本的状态验证框架下的债务契约是基于很强的假设条件的，于是

---

① La, Porta R., Lopez-de-Silanes, F., Shleifer, A., and Vishny, R. W., Investor Protection and Corporate Governance. *Journal of Financial Economics*, 2000, 58: 3-27.

他提出可以用昂贵的破产成本代替状态验证成本构建一个最优惩罚函数，从而实现对债务契约的改进，更有利于债权人利益的保护。

姚少华、潘敏（2005）提出，非对称信息环境和不确定世界决定了企业和债权人间的债务契约不可能是完备的，这个特性使债权人在获取企业控制权的过程中会受到企业管理者或控股股东的阻碍，从而不利于债权人利益的保护，但启动债务契约相机治理机制却能很好地解决这一问题。

Smith 和 Warner（1979）认为，对公司的股利发放设置一个上限的目的不是限制股利发放本身，而是通过这种措施禁止企业利用新的贷款或出售资产来支付股利。李心合（2003）以限制性条款为例，分析了债务契约在债权人利益保障方面以及在股东债权人利益协调方面发挥着重要的作用，但是由于各种原因限制，企业和债权人签订的债务契约并不是完备的，此时，有些非显性契约（如声誉）就会取代债务契约在银企利益冲突方面发挥着不可或缺的协调作用。

Gorton 和 Kahn（2000）构建了一个四时点模型，分析了银行面对贷款企业策略性违约时最优对策问题。在银行和企业间的协商模型里，双方都存在潜在的道德风险，债务契约的初始条款中并不需要对违约风险定价，而更应该考虑违约后议价能力的平衡问题。这实际上为银行与企业间还款博弈提供了一个解决思路。张鹏（2003）在 Gorton 和 Kahn 理论模型基础上加入了策略性违约因素以研究银行最优对策问题。提醒大家的是，保护债权人利益虽然能够通过安排债务契约来进行，但这样做却丧失了公司经营的灵活性。

陈超和李镕伊（2014）实证研究了债券契约设计对债券融资成本的影响，发现债券发行企业通过契约安排对债权人的保护作用是非常明显的。

Longhofer 和 Peters（2004）分析了在企业无力偿付到期债务情况下，如果每个债权人都去追逐自己的私利，而不顾其他债权人的话，就会引起债权人的利益冲突，对各方均无利。因此，需要在贷款契约里安排一个合作条款促使不同优先级别债权人团结起来集团行动以实现债权整体价值最大化，这是符合各债权人利益追求的。Bulow 和 Shoven（1978）、Mooradian（1994）从不同的角度对债务重组过程中债权人间利益冲突进行了分析，他们认为，不同债权人之间也存在合法权益相互侵占问题，大银行债权人就有可能和股东达成私人协议共同侵害债券持有人利益。

Lou 等（2014）研究发现，当企业的债权分散且债权类型众多时，新增债权人为能够在债权利益冲突中实现保护通常要求企业提供更丰富的契约安排和更多的抵押。他们还进一步发现，企业债权越分散，企业的违约风险越高，信息披露质量也越低。

（二）债权人参与公司治理和债权人保护

Diamond（1991）、Holmstrom 和 Tirole（1997）通过研究发现，与股东相比，银行在信息收集方面有专业化的优势，也能够深入参与到项目投资的过程中，所以可以更好地判断公司是否能正确地选择投资项目，从而可以有效地防止公司投资决策失误的发生，对公司价值的提高是非常有帮助的。他们的研究结论为债权人参与公司治理奠定了理论基础。杨瑞龙、周业安（1997）认为，各契约主体间的关系是一个相互平等相互独立的关系，其意味着企业治理结构主体间也应该是相互平等、相互独立的关系。这些具有相互平等、相互独立关系的主体就组成了“利益相关者”。利益相关者理论的发展为债权人参与公司治理奠定了理论基础，债权人只有作为公司治理主体参与到公司重大经营决策中去才能真正意义上地实现债权。

青木昌彦（1995）在转轨经济环境下，基于对内部人控制现象的研究，提出应依靠外部债权人（主要是银行机构）参与到企业决策中来以约束内部人控制的行为，这样便可对债权人的利益进行保护。夏既明（2003）认为，在转轨经济时期，银行相机治理机制无法发挥根本性作用，企业不良债务必然不断增加，银行不良资产难以处理。资产管理公司的成立并不能从“根”上解决问题，降低企业资产负债率、化解银行不良资产关键还在银行本身。当务之急是积极推进产权改革，使银行由被动参与变主动治理，重建银企关系需要它们之间的双向产融结合。王远明、唐英（2007）从法学视角研究了利益相关者共同治理的问题，分析认为大债权人和自愿债权人参与公司治理可以提高公司治理效率，所以银行理应参与公司内部治理。银行参与公司治理的方式可以是以单纯的债权人身份也可以是债权人大会制度安排的形式。刘迎霜（2010）认为债券持有人和一般债权人有很大的不同，这决定了其参与公司治理的方式主要是公司债债权人会议。王纯（2013）基于日德国家银行的考察，提出我国通过立法使债权人进入公司监事会是债权人保护的现实选择。

（三）法律和债权人保护

LLSV（1998）选取世界范围内分布不同地方的 49 个国家作样本，对它们的债权人保护的法律制度及其执行力进行了考察。研究发现，一个国家的法律渊源决定了债权人利益保护程度的高低，普通法系国家的债权人权利指数最高为 3.11，相较于其他法系国家（法国法系国家、德国法系国家以及斯堪的纳维亚系国家）都要高，说明普通法系国家从总体水平上讲对债权人保护更好。法律的不足可以依靠执法来弥补，所以其在法律的执行方面也进一步作出了研究，结果发现，不同法系国家执行质量也存在着较大差异，斯堪的纳维亚系表现得最好，德国法系其次，但法国法系最为糟糕。值得注意的是，穷国的债权人保护法律更为完善，但富国的执法质量较高。

我国学者也从法律制度安排角度分析了债权人利益保护问题。根据朱慈蕴（2005）的研究结果，公司法中设定企业法定最低资本额应是定位于设定一种市场准入标准，它是投资者能否进入这个市场的一个门槛，进入了这个门槛后，以企业的身份参与市场竞争。所以企业法定最低资本额这个标准的设定是无法承载保护债权人利益功能的，它更不能用来保护债权人利益。公司信息的披露、阻止内部控制人转移公司资产等措施才能真正用来保护债权人利益的。陈若鸿（2006）提出新修订的《公司法》把保护债权人利益所应关注的焦点由资本信用转为资产信用就具有非常大的实际意义。同时他还指出取消或放松股东在投资方面的过多限制，既能够鼓励有经济实力的股东进行更多的投资，也促进了社会经济的繁荣，而且为债权人利益保护奠定了更坚实的经济基础。洪学军等（2006）和张峻、刘健（2006）认为，新修订的《公司法》以资产信用替代资本信用的制度安排有益于银行债权保护，但别忽视其对银行债权保护的不利影响。杨华、汪兴隆（2006）认为，金融结构的不同会直接影响到企业信息结构的不同，信息结构的不同又影响到破产机制的设计。理论上，金融结构可分为银行主导型和资本主导型，前者应采取单一债权人机制，而后者应采取随机双元机制。汪世虎（2006）从债权人利益保护的角度出发，认为我国新破产法草案中重整制度在许多方面都存在着缺陷，担保债权人和小额债权人的保护问题还没有得到很好的解决。企业重整的目的不仅仅是使企业获得新生，也更应该注重债权人利益的保护，否则重整制度的发展将成为空谈。刘俊海（2013）鉴于我国《公司法》和《证券法》之间的特殊关系，认为应该对两部法律进行联动修改，以促进债权人保护机制的完善。黄辉（2015）对2013年《公司法》的改革进行了总体的评价，特别提出公司资本制度的改革具有正当性，比之前的债权人保护机制更为有效。王会敏（2016）基于我国现有的债权人保护措施的缺陷，借鉴美国新思路，提出一种新型保护路径：向从债务企业违约行为中获取经济利益的第三方寻求救济。赵菁（2018）通过重庆钢铁破产重整这一范例，分析上市公司破产重整中的金融债权人权益保护的创新路径，提出法院应审查公司重整能力、赋予债权人提出重整计划的权利、以市场化手段推动重整程序、健全重整信息披露制度等建议。

冯兴俊（2019）认为我国应加强公司分配时的债权人保护：增

加董事在资产分配中的勤勉义务，在《公司法》中增加公司对股东分配的明文标准，以此明确董事在分配公司资产时的特别义务；明确规定董事违法分配的法律责任，虽然我国的公司利润分配最终由股东会决议，但利润分配方案是董事会提出的，由其对债权人承担非法分配的特别法定责任；明确规定违法分配时股东的法律责任，对于非上市公司，应学习美国司法中的做法，规定所有股东都负有返还义务，以防止股东借口不知而损害债权人。对于上市公司，由于非控制股东以外的公众股东确实无法得知公司分配合法与否，也不大可能影响到公司分配政策，可不予返还，但控制股东所获之非法分配不仅应返还，还应与董事同责，非法分配行为对债权人造成的损害承担赔偿责任。

(四) 信息披露和债权人保护

Leftwich (1983) 认为会计信息中既包含债权人与企业议定贷款协议所需要的信息又包含监测贷款协议执行所需要的信息，它们都将会影响债权人的决策和利益的保护。Graham, Li 和 Qiu (2008) 是最先研究财务重述和银行贷款契约关系的，他们主要比较了公司在财务重述之前发起贷款和财务重述之后发起贷款间的差异。研究发现，如果公司在财务重述之后发动贷款，那么银行将会制定更多的限制性条款，如更高的利差、更短的期限、更高的担保要求等。这些研究结果表明财务重述直接影响了银行政策，银行会通过收紧贷款契约条款来克服由财务重述所引起的风险和信息问题。Ball, Bushman 和 Vasvari (2008) 调查研究了借款企业会计信息如何影响贷款银团的所有权结构和合同机构问题，提出公司会计信息质量刻画了贷款质量，也决定了债务契约价值，这表明会计信息的披露有利于消除贷款企业与债权人间的信息不对称，进而有利于对债权人保护的促进。Garcia - Teruel 等 (2010) 考察了在银行主导的金融体系中会计信息质量对债务到期结构的影响。研究发现，会计质量差的企业相比会计质量好的企业面临的债务期限更短。这让我们联想到会计质量能作为一种措施，去解决信息不对称问题和能提高监督管理者水平，这两者所反映的逻辑是一致的，都有利于债权人利益的保护。

国内学者也分析了信息披露对债权人利益的保护。李丽（2006）认为，会计制度规定信息披露的要求越高，债务融资企业的信息就越透明，对企业的约束就越多，对债权人利益保护就越有力。个人投资者由于自身能力的限制无法通过债券契约来实现自我保护，加强企业信息透明度就是一个很好的替代工具。陶晓慧（2010）通过实证模型构建，研究了企业资产替代行为、新增贷款决策和债务期限结构安排，发现会计信息一个重要特征——稳健性对债权人具有较强的保护作用。李志军和王善平（2011）认为企业信息披露质量是影响债务融资的一个重要因素。研究发现，在我国货币政策紧缩时，信息披露质量高的公司相对于信息披露质量低的公司能更有效降低公司与银行之间的信息不对称程度，因此就更容易取得银行的信任，也就能获得更多的银行借款，而且企业的借款成本也较低。刘圣妮和翟华云（2011）实证研究发现，信息披露水平的提高能有效抑制股东的资产替代行为，从而实现对债权人合法权益的保护。但需要注意的是，这种抑制作用会受一个地方金融发展水平和具体企业所有制性质的影响。叶敏、罗航（2012）分析了信息披露制度对债券持有人的保护作用，提出加强引导和规范、提升信息披露质量的要求。潘克勤（2012）以2003～2008年数据为样本研究发现，上市公司出现财务年报恶意补丁会影响债务契约的签订，下一年度的贷款规模会显著地下降。李红梅等（2013）研究发现了会计差错修正幅度差异对一个企业债务融资的影响是不一样的，财务重述涉及的项目数越多，重述的相对金额越大，获得债务融资也越少。张征超（2016）以2011～2013年深圳交易所上市公司为样本，采用实证方法研究了区域金融发展水平不均衡情况下信息披露和债权人保护水平之间的关系。其研究发现，信息披露质量越高，对债权人的保护作用越明显，企业将能得到更多的新增贷款。同时还发现，当一个地区的金融发展水平较落后时，信息披露质量越高，新增长期借款越容易获取，但新增短期借款不明显；随着地区金融水平的发展，新的贷款更偏向于信息披露质量高的企业。

（五）债权人保护的经济后果研究

法克奥、朗和杨（Faccio，Lang and Young，2001）研究发现，当法律对债权人利益的保护较差时，控股股东可以有效地利用高资产负债率对公司资源实施剥夺，当法律对债权人利益的保护强有力时，公司债权人就能有效地限制控股股东的剥夺行为。Zingales（1994）和 Nenova（2003）研究认为，当外部投资者受到很好的法律保护时，也就意味着他们的利益被公司内部人侵占的可能性降低。史莱弗（Shleife，2006）对 49 个国家颁布的证券法比较研究发现，一个国家的证券市场的繁荣程度与该国证券法成熟程度紧密相关，单纯依靠市场力量而没有健全的法律制度作支撑，证券市场的发展将非常暗淡，很难繁荣起来。列文（Levine，1999）通过实证方法研究了一国的法律制度健全程度对该国金融中介机构发展水平的影响，认为在企业债权人的债权请求权和有担保债权的优先权得到保护、企业信息披露准确充分和契约得到有效执行的国家里，金融中介机构越能得到良好的发展。Nicola Gennaioli 等（2006）从理论上研究债权人保护影响利益相关者如何通过契约来解决企业财务困境问题。他们发现，更好的债权人保护有助于利益相关者形成更精致的契约（如期权、法庭干预等），能更好地有弹性地解决企业的财务困境，从而达到更大的社会福利。总的来说，当债权人保护较强时，债权人可以通过使用期权达到最优；当债权人保护一般时，期权成本相对太高，债权人应该引入法庭干预决定企业继续经营或清算；当债权人保护较弱时，债权人应该和债务人签订一个简单的有过度清算风险的最大化偿付的纯粹债务契约；当债权人保护非常弱时，债权人就不需要对该项目提供资金。

江伟等（2005）发现，由于我国的债权人法律保护水平和债权人自身保护水平都比较低，公司经营过程中存在资产替代行为，这是债权人利益受损的一个重要因素。肖作平（2007）认为，在我国的债权人法律保护水平和债权人自身保护水平都比较低的背景下，公司股权集中度越高，控制股东与债权人的利益冲突越剧烈，公司债务代理成本越高，那么债权人更不愿意提供长期贷款，相应的是公司就只能采用更多的短期融资方式。因此，控股股东持股比例显著影响了公司债务到期选择。王海霞（2010）对债权人法律保护的经济后果进行了较为系统的研究，其主要结论有：（1）债权人保护制度的建设总体上有利于增强企业外部资金的可得性；相对于国有企业来说，债权人保护制度的建设显著改善了非国有企业的融资环境；相对规模较大的企业来说，债权人保护制度的建设并没有改善规模较小企业的融资环境。（2）当前的债权人法律保护还不能对企业的负债期限结构产生显著的影响；相对于国有企业，债权人法律保护对非国有企业长期债务资金的获得上表现出一定的积极影响；相对于大企业，债权人法律保护不利于小企业获得更多的长期债务。（3）债权人保护制度能够降低控股股东的侵占行为，债权人法律保护有助于债权人通过增量债务对控股股东侵占行为的约束，但却无助于债权人通过存量债务对控股股东侵占行为的约束。

（六）会计稳健性和债权人保护

会计稳健性能够对企业与其利益相关者之间的代理成本起到协调利益冲突的作用（Watts，2002）。在企业和债权人签订契约的过程中，双方间的信息不对称问题比较严重，信息的沟通是减少信息不对称的重要方式，公司若能披露稳健的会计信息就能提高契约的签订效率。当与债权人间信息不对称的问题严重时，融资企业会更倾向选择稳健的会计政策（Lafond and Watts 2011）。Watts（2008）认为企业管理层在经营过程中有高估收益低估费用的倾向，稳健的会计政策能够有效地抑制这一倾向，从而使企业外部债权人能够获取更稳健的会计信息以对债务合同定价。会计稳健性还能抑制企业过度支付股利和资产替代行为，以减少企业的现金流出，增加企业的到期支付能力，避免债务冲突的发生，实现债权人利益保护的目的。

孙铮等（2005）以我国 1999～2002 年的 897 家上市公司为样本研究发现，如果公司的债务比重高，那么公司就会倾向于选择更稳健的会计政策。同时发现，如果债权人发现企业的盈利状况不够稳定或下降，就会要求企业的会计政策趋向稳健。这一现象在非国有控股公司里相对于国有控股公司表现得更为明显。

Chen 等（2010）以我国上市公司为样本研究借款企业和贷款银行的所有制性质与会计稳健性之间的关系，研究发现，由于贷款银行对民营企业的下行风险更为敏感，民营企业需要采取的会计政策更为稳健；由于国有银行对贷款企业是否有足够保证贷款偿还的净资产的需求没有非国有银行那么强烈，从非国有银行取得贷款企业的会计政策表现得更为稳健。同时进一步研究发现，相对于政策性国有银行，商业国有银行要求贷款企业选择更稳健的会计政策；如果企业是从外资银行或者外资持股银行贷款时，企业采取了更稳健的会计政策。这些研究结论证明了债权人希望通过提高贷款企业会计稳健性来保护自身权益。

陶晓慧（2010）研究表明，会计稳健性对于公司的投资政策具有“真实的”效应，高质量的会计信息会带来更有效率的投资进程。会计稳健性的提高直接影响了企业的投资决策的正确性，可以有效防止企业的机会主义行为的发生，对债权人利益保护作用是显而易见的。

祝继高（2011）也实证研究了银行债权与会计稳健性的关系问题。他发现，被诉讼企业在近 3 年（包括被诉讼当年）的会计政策表现得更为稳健，说明银行对陷入财务困境的企业会提出高的信息稳健要求以保护自身利益。如果根据所有制性质来对研究的银行进行分类的话，可以分为国有商业银行和非国有商业银行，其中，国有商业银行对会计稳健的要求比非国有商业银行低。研究结论还反映，自企业被银行起诉的前两年起，其融资成本就明显增加，并在接下来的3年里不断提高，这实际上是债权人意识到企业的风险之后所提出的风险补偿要求，很明显，会计稳健性成为其中的一个重要手段。

闫晨璐等（2011）认为，会计政策的稳健性可以有效抑制企业管理者通过高估收入和资产来粉饰报表的冲动，使公司生产并输出更稳健的会计信息，以达到对债权人更好的保护；同时，会计稳健性可以防止由于企业股利过度分配导致企业资产减少情况的发生，有利于债权人的利益诉求；在企业经营恶化时，稳健的会计政策决定其更早到达违约触发点，债权人能更早意识到企业的风险，能更及时介入企业的经营活动中去，从而保护债权人；企业采取了稳健的会计政策，无异于向债务资本市场传递了一个良好的信号（即信号传递），有效解决了企业和债权人间的信息不对称问题，从而增加了债权人信任，也增加了其贷款后监控企业信贷风险的信心，更有利于企业获取新的贷款。

卜玉竹（2014）实证结果表明，稳健的会计信息有利于债权人在信贷过程中做出正确的决策，从而实现了债权人利益自保。实证研究证明，债权人在进行信贷决策的过程中，对国有控股公司的会计稳健性的关注程度低于对非国有控股公司的会计稳健性的关注程度，其中对民营上市公司会计政策的稳健程度提出更高的要求，其目的就是加强债权人利益保护。

油永华（2015）选择了沪市250家上市公司作为样本来开展对银企间的债务契约关系的研究，研究发现，非国有控股企业一般都选择了稳健的会计政策。企业的会计稳健性程度随着其借款比例的增高而增高；短期借款比例高低与企业的会计稳健程度高低呈正向关系，而长期借款与短期借款表现得不一致，长期借款比例高低与会计稳健程度高低关系是反向的。采取稳健会计政策的企业偿债能力更强，这有利于企业借款总量的增加，短期借款尤为显著。总而言之，会计稳健性有利于银企间信息不对称程度的降低，在提高债务契约签订效率方面显得尤为明显，对债权人的保护也起到不可磨灭的作用。

（七）政府干预和债权人保护

我国经济正处于转轨的重要时期，然而政府（尤其是地方政府）对市场经济的干预程度仍然非常高，这显然不利于银行债权人的自我决策。Khwaja 和 Mian（2005）对发展中国家巴基斯坦 1996～2002 年（跨度共 7 年）的企业贷款作出了重要研究，结果发现，如果和政府控制的银行发生贷款关系，有良好政治背景的企业能以高出无政治背景企业一倍的优势从银行获取贷款，但令人失望的是良好政治背景企业的债务拖欠率却是其他企业 1.5 倍。Faccio（2006）基于 42 个国家的样本也对政府干预经济问题作出了研究。研究发现，具有政治背景的企业不仅更容易从债务资本市场获取融资，而且能从政府那里获取更多税收优惠以及具备更强的左右市场的能力，这在那些腐败程度高、产权制度不健全、政府过度干预经济的国家里表现得尤其明显。但饶是如此，具有政治背景的企业在经营过程中并没有获取优于同类企业的业绩。

债务期限结构的选择是债权人自我保护的一个重要途径，这是由于债务契约签订期限的长短对债权人未来的影响是不同的。贷款期限长短与债权人的监督成本正相关，贷款期限越长，债权人对债务人的监督成本就越高，债权人就越难以监督债务人的行为，债务人就越可能会采取策略性违约，债权人利益就越无法得到保障。Charumilind 等（2006）考察了政治关系在泰国企业获取贷款中所显现的作用。研究发现，有政治关系的企业获取的银行长期贷款明显比无政治关系企业多，而且在获得长期贷款时几乎不怎么提供资产做抵押。孙铮、刘凤委和李增泉（2005）以我国上市公司的经验数据为样本进行实证研究一个地区的政府干预程度和当地上市公司债务期限之间的关系，发现当该地区的政府干预程度很低时，上市公司的长期借款比例通常会很低，说明我国政府是否干预市场影响了债权人的行为。黎来芳和张伟华（2008）认为外部履约机制影响了企业债务期限结构，债权人认为具有“政治关系”的上市公司具有更强的债务履约能力，债务人违约的可能性降低，因此国家控股公司比非国有控股公司长期借款的能力更强，长期借款的比例更高。

近年来也有很多学者开始研究政府干预对公司治理的影响。高雷等（2006）发现，政府对企业的干预会加剧国有控股股东和债权人的利益冲突，公司利益侵占行为更为显著，而且地区政府干预程度越高，银行债务越是助长政府控制企业股东对债权人利益侵占行为，从而说明政府干预公司治理会阻碍了社会经济的发展。罗党论等（2007）发现，地方政府干预经济越少，市场经济越发达、金融市场越繁荣，控股股东“掏空”上市公司的行为越不可能发生。裘宗舜和饶静（2007）等研究的结果也表明政府干预加剧了控股股东对外部投资者利益的侵占。王艳辉（2012）认为，政府干预经济的行为使债权人惩罚控股股东的侵占行为大打折扣，债权人惩罚控股股东成本的增加使惩罚变成了一个不可置信的威胁。所以在此种情况下，控股股东会更倾向于进行利益侵占，从而不利于债权人保护。

二、文献综述见解

通过前述国内外相关文献回顾，可以看到在债权人保护这一话题上国内外学者已经取得了相当数量和质量的研究成果，但是我们仍然可以发现：

（1）从研究视角上讲，国内学者对债权人利益保护问题上的研究仍以法学视角为主，而基于管理或经济学视角的研究相当缺乏。

（2）从内容上看，国内学者对债权人利益的保护更多地强调企业持续经营期内部控制人与债权人的利益博弈与协调以及破产期的债权人利益的法律保护，较少研究债权债务确定前债权人的自我保护、企业并购期间的债权人利益保护等。就算涉及企业持续经营期内部控制人与债权人的利益博弈，也显然对债权人利益的保护缺乏一定的深入研究。另外，很多基于债权人利益保护的机制问题，如法治问题和信息披露问题也亟须解决。

（3）从方法上看，国内学者对债权人保护进行规范性研究或数据的经验性实证研究比较多，而相对于国外研究成果，国内学者较少运用博弈论、信息经济学的基本方法建立模型进行实证研究。

第二章　企业债务融资前的债权人保护

需要债务融资的企业主要是以向以银行为主的金融机构贷款、发行公司债券、利用商业信用等途径来获取足够的债务资金。各种类型的债权人在为企业提供债务融资时，都存在不同程度的信息不对称。在商业信用所引起的债权债务关系中，虽然债权人和债务企业也存在信息的不对称，但考虑到其在和债务企业的长期交往中能深刻感知债务企业信用水平的高低，而且两者并非一次性博弈，理性的债务企业利用信息不对称来侵占商业信用债权人利益的可能性相应就降低。另外，从我国现实债务融资总量上看，银行贷款融资和企业发行债券融资仍然占据主导地位。基于以上两个因素的考虑，本章所提到的债权人并非指商业信用债权人，但商业信用债权人仍然可以根据自己的能力来模拟类似模型实现对自身利益保护。根据相关法律制度安排，公司发行债券需要公司有足够的资质条件，并非所有公司都可以发行，所以具有发行债券条件的公司并不能代表企业的一般性。公司债券持有者相对比较分散，在对企业进行监督时容易出现严重的“搭便车”现象。另外，根据前面的分析，我们知道银行贷款相对于这种公开发行债券具有更多的信息优势。因此，公司债券持有者也不在本章分析之列，他们也可以采取类似商业信用债权人的方法模拟或追随银行的决策。在我国金融市场上，银行就是金融机构的代言人，因此在以下模型的构建过程中，我们更多的是指银行债权人（以下简称银行）与需要债务融资的企业（以下简称企业）的博弈。

尽管银行相对于公司债券持有者而言具有一定的信息优势，但对企业实际情况的了解也并不充分，企业是信息优势方，而银行是信息劣势方。银行和企业在拥有信息方面不对等的地位就决定了银行在提供贷款过程中和企业存在信息不对称问题。而信息的不对称是导致逆向选择的根源，此时银行在提供贷款过程中就存在着信贷风险。银行对企业的详细情况相对掌握得不够充分就导致债务资本市场有可能出现“柠檬市场”问题。由于银行并不知道企业的真实信用水平，因此，银行在制定信贷合约时会参考市场所有企业的平均信用水平来进行。本来信用水平低的企业应该在债务融资时付出更高的成本，但银行市场定价策略显然会让它们获利；相应的是信用水平高的企业遭受到了损失，会付出更多的代价。这样就会导致债务资本市场大量充斥低信用水平的企业，从而导致银行提供的贷款主要流向低水平企业而非银行所期望的高水平企业，实际上就损害了银行的利益。

第一节　基本博弈模型的构建

为便于建模，我们做出了一些假设：（1）我们把影响银行和企业间信息不对称程度的主要因素：如企业的信用水平、主营业务销售、风险偏好、企业的投资机会、管理层的工作态度和管理水平等概括为企业质量水平，企业信用水平高、主营业务销售好、风险偏好程度低、具有良好投资机会、管理层工作兢兢业业并且管理水平高的称为高质量企业，反之为低质量企业。企业质量水平的高低，企业知道而银行不知道。（2）假定企业需要为两个连续的项目融资（实际上也可理解为一个项目的两个阶段缺乏足够的资金）。（3）假定向银行提出贷款需求的有两种类型企业：低质量企业和高质量企业。这两种类型的企业在经营过程中都有可能取得低收益和高收益，不同企业取得的低收益值和高收益值是一样的，它们的区别是项目取得低收益和高收益的概率不同。高质量企业取得高收益的概率高，而取得低收益的概率低；低质量企业是反过来的，取得高收益的概率低，而取得低收益的概率高。（4）假设根据企业类型的不同，在事前提供了两种标准还贷契约，它们的差别在于契约约定的固定偿还额不同。低质量企业在每期所需要偿还的金额高，而高质量企业在每期所需要偿还的金额低。（5）不考虑资金的货币时间价值。（6）不管哪种类型的融资企业，两期项目结束后，都必须偿还所融资资金的本息（当然，我们也可以理解为由于社会的惩罚太过严厉，融资企业从本身长远的利益出发，会主动这样做）。（7）银行和企业都是“理性经济人”。

基于前面的假设，我们再考虑银行与企业间的博弈：企业现有两个连续的项目存在资金短缺，都希望从银行获取贷款。企业拥有自己私人信息，知道自己属于哪种类型，而银行不知道。在这种情况下，银行和高质量企业签订的标准还贷契约会更加优惠，低质量企业为降低贷款成本，就会冒充高质量企业去和银行签这一优惠契约，这样就会导致因为无法识别企业质量的高低而错签契约，结果会遭受损失；但是，若银行提供的契约仅仅是针对低质量企业，那么高质量企业就不会再从债务资本市场去寻求贷款，从而在债务资本市场中只留下低质量企业。实际上，上述两种情况都会破坏债务资本市场的信贷环境，加大银行的信贷风险，从而侵害了债权人的利益。本章先构建一个标准的还贷契约模型，然后对构建的标准还贷契约模型进行分析，最后再提出一个能够解决逆向选择问题的改进契约以使高质量企业和低质量企业分离开，从而实现对债权人利益的保护。

一、参与人

该博弈模型中有自然、银行和企业三个参与人。

（一）银行

银行为企业提供贷款。银行虽然不知道企业质量水平的高低（但知道质量高低的主观概率），但能通过信息搜索知道企业项目收益水平的高低。为简单起见，我们假定金融机构之间展开自由竞争，所以它们是资本市场的价格接受者，那么它们获取的最大期望收益是0。假定银行仅制订两类还贷契约，分别针对高质量企业而设计的还贷契约1和针对低质量企业而设计的还贷契约2，注意在这两类还贷合约中银行的期望收益均为0。

（二）企业

根据以上假设，参与博弈的企业分为高质量企业和低质量企业，且高质量企业（称为1类，即 $i=1$）获得高收益的概率比低质量企业（称为2类，即 $i=2$）高。不同质量的企业正式开展两个项目的时间是一致的，分别是 τ_1 和 τ_2 时刻，每个项目都会产生高收益 GR^h 或低收益 GR^l（$GR^h>GR^l$）两种情形①，τ_1 时刻是第一个项目的开始时间，需要投入资金 K_1，τ_2 时刻是第二个项目的开始时间，需要投入资金 K_2；τ_2 时刻产生高收益 GR_1^h 或低收益 GR_1^l，它们的概率分别为 p_{1i} 和 $1-p_{1i}$，τ_3 时产生的收益为高收益 GR_2^h 或低收益 GR_2^l，它们的概率分别为 p_{2i} 和 $1-p_{2i}$，由前面假设所知，有 $p_{12}<p_{11}$，$p_{22}<p_{21}$。为分析的方便，假定2期项目所需的资金投入时是正的。假定企业最开始的资产（令初始资产 $W_1>0$）不足以启动投资项目（即假定 $W_1<K_1$，也就是说，企业需要融资。企业的融资策略就是保证第二个项目在 τ_3 时刻结束时，能够使其资产的期望值最大，即 $MaxE_{1i}[W_{3i}]$。

二、博弈顺序

（1）“自然”先行动，其选择企业类型 i。企业自己知道自己的类型，而银行不知道。（2）银行选择是否向借款企业提供还贷契约。如果提供，银行与企业间的博弈可以继续下去；如果不提供，博弈立即结束。（3）如果银行提供了还贷契约1和还贷契约2，那么企业就必须从中选择一个，根据企业不同的类型，银行和企业将获取各自的期望收益，双方间的博弈结束。从顺序上讲，企业行动发生在银行行动之后，银行观察到企业的行动之后，所得的后验概率不会对银行的战略选择带来任何影响，因此，理论上该动态博弈能够实现均衡。但

① 此处的收益为经济学概念，是投资总产出，并非会计学概念，不是收入扣除费用后的利润。

我们构建模型的主要目标在于：如何设计具体契约使对企业的激励相容起作用的同时能够控制信贷风险，最大化银行期望收益。

第二节　标准还贷契约

设 Q_{1i} 和 Q_{2i} 表示银行在两种不同契约中规定的两期贷款的固定还款额（当然，两种不同质量企业的两期固定还款额是不一样的，一般来说，低质量企业的各期还款额要高于高质量企业的各期还款额，否则，低质量的融资企业也不会假装自己为高质量的企业了，此时有 $Q_{11} < Q_{12}$，$Q_{21} < Q_{22}$），S_{1i} 表示融资企业在 τ_1 时刻的股本。那么，银行和企业签订的标准还贷契约的内容是：

（1）τ_1 时刻，企业动用自己最初的全部资产充当股本进行第一期项目投资，$S_{1i} = W_{1i}$。（2）τ_2 时刻，如果 $GR_1 < Q_{1i}$，那么企业就根据约定向银行偿还 GR_1，反之则向银行偿还 Q_{1i}。（3）τ_2 时刻，企业再把该时刻有效的资产以股本方式向第二期项目进行投资，其金额为 $\min(K_2, W_{2i}) = S_{2i}$，其中 $\max(GR_1 - Q_{1i,0}) = W_{2i}$。（4）$\tau_3$ 时刻，假如 $GR_2 < Q_{2i}$，企业向银行偿还 GR_2，反之则向银行偿还 Q_{2i}。

一、信息对称时契约分析

当银行和企业双方不存在私人信息，也就是不存在非对称信息时，银行知道企业质量是高还是低。τ_1 时刻，$S_{1i} = W_{1i}$，第一期双方事前约定的固定还贷额 Q_{1i} 一定能够使银行期望收益为 0，即有：

$$(1 - p_{1i})\min[Q_{1i}, GR_1^l] + p_{1i}\min[Q_{1i}, GR_1^h] = (K_1 - W_{1i}) \qquad (2.1)$$

假设 $GR_1^l < Q_{1i} < GR_1^h$，那么 $W_{2i} = GR_1^h - Q_{1i}$ 的概率为 p_{1i}；$W_{2i} = 0$ 概率为 $1 - p_{1i}$。

τ_2 时刻，$\min(K_2, W_{2i}) = S_{2i}$，第二期事前约定的固定还贷额 Q_{2i}

同样一定会使银行期望收益为0，即有：

$$(1-p_{2i})\min[Q_{2i},GR_2^l]+p_{2i}\min[Q_{2i},GR_2^h]=(K_2-W_{2i}) \quad (2.2)$$

显然，Q_{2i} 是 W_{2i} 的函数，我们记为 Q_{2i}（W_{2i}）。假如有 $Q_{21}<GR_2^h$，所以 τ_2 时刻，企业的期望收益（效用）是：

$$E_{2i}[W_{3i}]=(1-p_{2i})\max[GR_2^l-Q_{2i}(W_{2i}),0]$$
$$+p_{2i}[GR_2^h-Q_{2i}(W_{2i})]+(W_2-S_{2i}) \quad (2.3)$$

因为在不同概率条件下 W_{2i} 会有两个不同的取值，所以 $E_{2i}[W_{3i}]$ 也应该有对应的不同取值，倒推至 τ_1 时刻，企业的期望收益 $E_{1i}[W_{3i}]$ 就是由两个不同概率的 $E_{2i}[W_{3i}]$ 加权计算所得的和。

二、信息不对称时契约分析

当银行和企业间存在不对称信息时，银行就无法知道企业是哪种类型的，我们假定银行针对高质量企业提供标准还贷契约 X1，为低质量企业提供标准还贷契约 X2，因为银行一般会给予高质量企业更多优惠，所以契约 X1 约定的固定还款额一定会比契约 X2 的小。这样低质量企业就产生了冒充高质量企业选择契约 X1 的动机，因为如果这样做的话，其将会比选签契约 X2 能够获取更大的期望收益，即 $E_{12}[W_{32}(X2)]<E_{12}[W_{32}(X1)]$，但是，如此一来，银行就会惨遭损失，放大了信贷风险。因此，当信息不对称时，逆向选择问题就出现了，低质量企业会掩盖其真实类型选择标准还贷契约 X1，高质量企业和低质量企业就无法实现分离均衡，银行的信贷风险将不可避免地增加。

第三节　还贷契约改进

如前所述，信息不对称下的标准还贷契约无法根治逆向选择问题，银行的信贷风险也无法回避。因此，本书拟采用一种改进的还贷契约，希望借此实现博弈的分离均衡，从而使银行有效规避信贷风险，使其期望收益最大化。此改进的还贷契约的具体安排如下：我们根据企业第一期所进行项目的收益情况以及企业第一期末违约情况（实际上就是观察企业在第一期末是否按照预先的约定还贷）来决定是对企业进行惩罚或奖励。假如在第一期期末，企业违约了，就会受到一定的处罚；反之，银行应给予企业奖励。按照博弈论，我们希望对还贷契约 X1 加以改进，还贷契约 X2 保持不变，以此新的一组契约来实现分离均衡以很好地甄别出企业的类型，改进的还贷契约还应该满足：（1）类型不同的企业会主动选择银行为其量身定做的契约；（2）银行提供契约时获取的期望收益要高于不提供契约时的结果；（3）银行不可能再制订出能使其获取更高收益的契约。

在银行和企业的博弈中，银行先行动，为两个不同类型企业提供一组还贷契约 gX1 和还贷契约 X2，这两个还贷契约要满足上述的 3 个条件（即改进还贷契约需满足的要求），就能够实现博弈分离均衡。我们可以描述为：

（1）IR：$E_{11}[W_{31}(gX1)]>W_{11}$；$E_{12}[W_{32}(X2)]>W_{12}$。

（2）IC：$E_{11}[W_{31}(gX1)]>E_{11}[W_{31}(X2)]$；$E_{12}[W_{32}(X2)]>E_{12}[W_{32}(gX1)]$。

（3）银行 0 期望收益（效用）：$R_b(gX1)=0$；$R_b(X2)=0$。

除此之外，任一个混合还贷契约 hX 的制订，都无法使高质量企业获取更高的期望收益，也无法使银行获取更高的期望收益。我们考虑适合高质量企业的改进还贷合约 gX1，该合约核心思想是：在 τ_2 时刻，银行会依据企业在这个时刻是否遵守契约规定来确定对企业的惩罚（奖励）额度高低。我们用 Ω_1^{h-} 表示企业不遵守契约规定时的处罚额度（$\Omega_1^{h-}<0$）；令 Ω_1^{h+} 表示企业遵守契约规定时的奖励额度（$\Omega_1^{h+}>0$）。

一、改进还贷契约的内容

针对高质量企业的标准契约 X1 经改进所得的改进还贷契约 gX1 的内容如下：

（1）τ_1 时刻，高质量企业开始进行第一期的项目投资，用其最初的所有资产充当股本，$S_{11}=W_{11}$。（2）τ_2 时刻，如果 $GR<Q_{11}$，那么企业就应该向银行偿还 GR_1，反之则向银行偿还 Q_{11}。（3）τ_2 时刻，企业再把该时刻有效的资产以股本方式向第二期项目进行投资，即 $\min(K_2,W_{21})=S_{21}$，当 $GR_1<Q_{11}$ 时，则 $\Omega_1^{h-}=W_{21}$；反之，则 $GR_1-Q_{11}+\Omega_1^{h+}=W_{21}$。假定在 τ_2 时刻，无论企业前期项目投资是否失败，第二期投资资金均为正。（4）τ_3 时刻，如果 $GR_2<Q_{21}$，企业向银行偿还 GR_2，反之则向银行偿还 Q_{21}。

这样的话，按照改进还贷契约，对高质量企业而言，在 τ_1 时刻，$S_{11}=W_{11}$，第一期双方事前约定的固定还贷额 Q_{11} 一定能够使银行期望收益为0，即有：

$$(1-p_{11})\min[Q_{11},GR_1^l]+p_{11}\min[Q_{11},GR_1^h]=(K_1-W_{11}) \quad (2.4)$$

假设 $GR_1^l<Q_{11}<GR_1^h$，$W_{21}=GR_1^h-Q_{11}+\Omega_1^{h+}$ 的概率为 p_{11}；$W_{21}=0$ 概率为 $1-p_{11}$。一定使银行期望收益为0的条件即：

$$(1-p_{11})\Omega_1^{h-}+p_{11}\Omega_1^{h+}=0 \quad (2.5)$$

τ_2 时刻，$\min(K_2,W_{21})=S_{21}$，第二期双方事前约定的固定还贷额 Q_{21} 也一定能够使银行期望收益为0，即有：

$$(1-p_{21})\min[Q_{21},GR_2^l]+p_{21}\min[Q_{21},GR_2^h]=(K_2-W_{21}) \quad (2.6)$$

显然，Q_{21} 是 W_{21} 的函数，我们记为 $Q_{21}(W_{21})$，并且 $GR_2^h>Q_{21}(W_{21})$。τ_2 时刻，高质量企业的期望收益是：

$$E_{21}[W_{31}]=(1-p_{21})\max[GR_2^l-Q_{21}(W_{21}),0]+p_{21}[GR_2^h-Q_{21}(W_{21})]+(W_{21}-S_{21}) \quad (2.7)$$

在式（2.7）中，因为在不同概率条件下 W_{21} 会有两个不同的取值，

所以 $E_{21}[W_{31}]$ 也对应有不同取值，倒推至 τ_1 时刻，企业的期望收益 $E_{11}[W_{31}]$ 就是由两个不同概率的 $E_{21}[W_{31}]$ 的加权计算所得的和。

二、改进前后两种不同还贷契约对博弈的影响

（一）高质量企业分析①

1. 高质量企业签订改进契约的分析

假设 $GR_1^l < Q_{11} < GR_1^h$，那么 $W_{21} = GR_1^h - Q_{11} + \Omega_1^{h+}$ 的概率为 p_{11}；$W_{21} = \Omega_1^{h-}$ 概率为 $1 - p_{11}$。

当 $W_{21} = GR_1^h - Q_{11} + \Omega_1^{h+}$ 时，有：

$$E_{21}[w_{31}] = (1 - P_{21})\max[GR_2^l - Q_{21}(w_{21}), 0] + P_{21}[GR_2^h - Q_{21}(w_{21})] + GR_1^h - Q_{11} + \Omega_1^{h+} - S_{21} \quad (2.8)$$

当 $W_{21} = \Omega_1^{h-}$ 时，有：

$$E_{21}[w_{31}] = (1 - P_{21})\max[GR_2^l - Q_{21}(w_{21}), 0] + P_{21}[GR_2^h - Q_{21}(w_{21})] + \Omega_1^{h+} - S_{21} \quad (2.9)$$

根据式（2.8）和式（2.9）各自对应的概率为 p_{11} 和 $1 - p_{11}$，就可以计算出 $E_{11}[w_{31}(gX1)]$。

$$\begin{aligned} E_{11}[w_{31}(gX1)] = P_{11}\{&(1 - P_{21})\max[GR_2^l - Q_{21}(w_{21}), 0] \\ &+ P_{21}[GR_2^h - Q_{21}(w_{21})] + GR_1^h - Q_{11} + \Omega_1^{h+} - S_{21}\} \\ &+ (1 - P_{11})\{(1 - P_{21})\max[GR_2^l - Q_{21}(w_{21}), 0] \\ &+ P_{21}[GR_2^h - Q_{21}(w_{21})] + \Omega_1^{h-} - S_{21}\} \end{aligned} \quad (2.10)$$

假设 $GR_2^l < Q_{21} < GR_2^h$，经过我们对式（2.10）的整理可以得出：

$$\begin{aligned} E_{11}[w_{31}(gX1)] = &P_{21}GR_2^h - k_2 + (1 - P_{21})GR_2^l + (1 - P_{11})\Omega_1^{h-} \\ &+ 2P_{11}(GR_1^h - Q_{11} + \Omega_1^{h+}) \\ &- P_{11}\min(K_2, GR_1^h - Q_{11} + \Omega_1^{h+}) \end{aligned} \quad (2.11)$$

---

① 其详细的计算过程见附录 B。

2. 高质量企业签订标准契约中的分析

在标准中，当 $GR_1^l < Q_{11} < GR_1^h$ 时，$W_{21} = GR_1^h - Q_{11}$ 的概率为 p_{11}；$W_{21} = 0$ 概率为 $1 - p_{11}$。

当 $W_{21} = GR_1^h - Q_{11}$ 时，有：

$$E_{21}[W_{31}] = (1 - P_{21})\max[GR_2^l - Q_{21}(w_{21}), 0] + P_{21}[GR_2^h - Q_{21}(w_{21})] + GR_1^h - Q_{11} - S_{21} \tag{2.12}$$

当 $W_{21} = 0$ 时，有：

$$E_{21}[W_{31}] = (1 - P_{21})\max[GR_2^l - Q_{21}(w_{21}), 0] + P_{21}[GR_2^h - Q_{21}(w_{21})] - S_{21} \tag{2.13}$$

根据式（2.12）和式（2.13）各自对应的概率为 p_{11} 和 $1 - p_{11}$，就可以计算出 $E_{11}[w_{31}(X1)]$。

$$\begin{aligned} E_{11}[w_{31}(X1)] = P_{11}\{&(1 - P_{21})\max[GR_2^l - Q_{21}(w_{21}), 0] \\ &+ P_{21}[GR_2^h - Q_{21}(w_{21})] + GR_1^h - Q_{11} - S_{21}\} \\ &+ (1 - P_{11})\{(1 - P_{21})\max[GR_2^l - Q_{21}(w_{21}), 0] \\ &+ P_{21}[GR_2^h - Q_{21}(w_{21})] - S_{21}\} \end{aligned} \tag{2.14}$$

假设 $GR_2^l < Q_{21} < GR_2^h$，经过我们对式（2.14）的整理可以得出：

$$\begin{aligned} E_{11}[w_{31}(X1)] = {}& P_{21}GR_2^h - K_2 + (1 - P_{21})GR_2^l + 2P_{11}(GR_1^h - Q_{11}) \\ &- P_{11}\min(K_2, GR_1^h - Q_{11}) \end{aligned} \tag{2.15}$$

很明显，用式（2.11）去减式（2.15），所得的差为：

$$\begin{aligned} \Delta = {}& P_{11}\Omega_1^{h+} + P_{11}\min(K_2, GR_1^h - Q_{11}) \\ &- P_{11}\min(K_2, GR_1^h - Q_{11} + \Omega_1^{h+}) \end{aligned} \tag{2.16}$$

当 $GR_2^h - Q_{11} < K_2 < GR_2^h - Q_{11} + \Omega_1^{h+}$ 时，式（2.16）可以转化为 $\Delta = p_{11}\Omega_1^{h+} + p_{11}(GR_1^h - Q_{11} + k_2)$，此时 $p_{11}\Omega_1^{h+} > 0$，而 $GR_1^h - Q_{11} - k_2 < 0$，所以式（2.16）此时实际就存在等于0的可能性。

当式（2.16）的值等于0时，对于高质量企业来讲，签订gX1和X1，期望收益是没有区别的，也就是说，这两种还贷契约对高质量企业是无差异的，即 $E_{11}[W_{31}(gX1)] = E_{11}[W_{31}(X1)]$。

（二）低质量企业分析①

1. 低质量企业签订改进契约的分析

当低质量企业签订改进契约后，按照该改进还贷契约，对低质量企业而言，在 τ_1 时刻，$S_{12}=W_{12}$，第一期契约约定的固定还贷额 Q_{12} 要满足银行期望收益为 0 的条件（因为低质量企业冒充了高质量企业，所以此时有 $Q_{11}=Q_{12}$），即有：

$$(1-P_{11})\min[Q_{11},GR_1^l]+P_{11}\min[Q_{11},GR_1^h]=(K_1-W_{11}) \quad (2.17)$$

虽然低质量企业能冒充高质量企业签订了改进契约，从而使 $Q_{12}=Q_{11}$，但是低质量企业获取高收益的概率不可能和高质量企业获取高收益的概率一样，所以一定有：

$$(1-P_{11})\min[Q_{11},GR_1^l]+P_{11}\min[Q_{11},GR_1^h]<(K_1-W_{11}) \quad (2.18)$$

假设 $GR_1^l<Q_{11}<GR_1^h$，$W_{22}=GR_1^h-Q_{11}+Q_1^{h+}$ 的概率为 p_{12}；$W_{22}=\Omega_1^{h-}$ 概率为 $1-p_{12}$。为符合银行期望收益为 0 的假设，应该有：

$$(1-p_{11})\Omega_1^{h-}+p_{11}\Omega_1^{h+}=0 \quad (2.19)$$

考虑到 $p_{12}<p_{11}$，故有：

$$(1-p_{12})\Omega_1^{h-}+p_{12}\Omega_1^{h+}<0 \quad (2.20)$$

τ_2 时刻，$\min(K_2,W_{22})=S_{22}$，第二期契约约定的固定还贷额 Q_{22}（$Q_{22}=Q_{21}$）要满足银行期望收益为 0 的条件，即有：

$$(1-p_{21})\min[Q_{21},GR_2^l]+p_{21}\min[Q_{21},GR_2^h]=(K_2-W_{21}) \quad (2.21)$$

同理，有：

$$(1-p_{22})\min[Q_{21},GR_2^l]+p_{22}\min[Q_{21},GR_2^h]<(K_2-W_{21}) \quad (2.22)$$

此时，Q_{21} 仍然是 W_{21} 的函数，我们记为 $Q_{21}(W_{21})$，并且 $GR_2^h>Q_{21}(W_{21})$。τ_2 时刻，低质量企业的期望收益是：

$$\begin{aligned}E_{22}[W_{32}]=&(1-p_{22})\max[GR_2^l-Q_{21}(W_{21}),0]\\&+p_{22}[GR_2^h-Q_{21}(W_{21})]+(W_{22}-S_{22})\end{aligned} \quad (2.23)$$

① 其详细计算过程见附录 C。

实际上，我们通过式（2.18）、式（2.20）以及式（2.22）三个不等式就能够看出，在低质量企业冒充高质量企业选择改进契约后，银行的期望收益变小，也就是说银行增大了信贷风险。

在式（2.23）中，因为在不同概率条件下 W_{22} 会有两个不同的取值，所以 $E_{22}[W_{32}]$ 也分别以同样的概率产生两个不同取值，倒推至 τ_1 时刻，企业的期望收益 $E_{12}[W_{32}]$ 就是由两个不同概率 $E_{22}[W_{32}]$ 加权计算所得的和。

当 $GR_1^l < Q_{11} < GR_1^h$ 时，$W_{22} = GR_1^h - Q_{11} + \Omega_1^{h+}$ 的概率为 p_{12}；$W_{22} = \Omega_1^{h-}$ 概率为 $1 - p_{12}$。

当 $W_{22} = GR_1^h - Q_{11} + \Omega_1^{h+}$ 时，有：

$$
\begin{aligned}
E_{22}[w_{32}] &= (1 - P_{22})\max[GR_2^l - Q_{21}(w_{21}), 0] \\
&\quad + P_{22}[GR_2^h - Q_{21}(w_{21})] + GR_1^h \\
&\quad - Q_{11} + \Omega_1^{h+} - S_{22} \\
&= P_{22}GR_2^h - \frac{P_{22}}{P_{21}}\{K_2 - (GR_1^h - Q_{11} + \Omega_1^{h+}) - (1 - P_{21})GR_2^l\} \\
&\quad + GR_1^h - Q_{11} + \Omega_1^{h+} - \min(K_2, GR_1^h - Q_{11} + \Omega_1^{h+}) \quad (2.24)
\end{aligned}
$$

当 $W_{22} = \Omega_1^{h-}$ 时，有：

$$
\begin{aligned}
E_{22}[w_{32}] &= (1 - P_{22})\max[GR_2^l - Q_{21}(w_{21}), 0] \\
&\quad + P_{22}[GR_2^h - Q_{21}(w_{21})] + \Omega_1^{h-} - S_{22} \\
&= P_{22}GR_2^h - \frac{P_{22}}{P_{21}}\{K_2 - \Omega_1^{h-} - (1 - P_{21})GR_2^l\} \quad (2.25)
\end{aligned}
$$

根据式（2.24）和式（2.25）各自对应的概率为 p_{12} 和 $1 - p_{12}$，就可以计算出 $E_{12}[W_{32}(gX1)]$。

$$
\begin{aligned}
E_{12}[w_{32}(gX1)] &= P_{12}(1 - P_{22})\max[GR_2^l - Q_{21}(w_{21}), 0] \\
&\quad + P_{22}[GR_2^h - Q_{21}(w_{21})] + GR_1^h - Q_{11} + \Omega_1^{h+} - S_{22}\} \\
&\quad + (1 - P_{12})\{(1 - P_{22}\}\max[GR_2^l - Q_{21}(w_{21}), 0] \\
&\quad + P_{22}[GR_2^h - Q_{21}(w_{21}) + \Omega_1^{h-} - S_{22}] \quad (2.26)
\end{aligned}
$$

假设 $GR_2^l < Q_{21} < GR_2^h$，经过我们对式（2.26）的整理可以得出：

$$E_{12}[w_{32}(gX1)]$$
$$=P_{22}GR_2^h-\frac{P_{22}}{P_{21}}(1-P_{21})GR_2^l+\frac{P_{12}(P_{22}+P_{21})}{P_{21}}(GR_2^h-Q_{11}+\Omega_1^{h+})$$
$$+\frac{P_{22}(1-P_{12})}{P_{21}}\Omega_1^{h-}-P_{12}\min(K_2,GR_2^h-Q_{11}+\Omega_1^{h+}) \quad (2.27)$$

2. 低质量企业签订标准契约的分析

当低质量企业签订标准契约后，按照高质量企业签订标准契约类似的计算方法很容易得出：

$$E_{12}[w_{32}(X2)]=P_{22}GR_2^h-K_2+(1-P_{22})GR_2^l+2P_{12}\{GR_1^h-Q_{12}\}$$
$$-P_{12}\min(K_2,GR_1^h-Q_{12}) \quad (2.28)$$

当 $GR_2^h-Q_{11}<K_2<GR_2^h-Q_{11}+\Omega_1^{h+}$ 时，用式（2.28）去减式（2.27），得到：

$$E_{12}[w_{32}(X2)]-E_{12}[w_{32}(gX1)]$$
$$=(p_{12}+\frac{P_{22}}{P_{21}}-1)K_2+(1-\frac{P_{22}}{P_{21}}-2P_{22})GR_2^l$$
$$+P_{12}\{GR_1^h-Q_{12}\}-\frac{1-P_{12}}{P_{21}}P_{22}\Omega_1^{h-}$$
$$-\frac{P_{12}(P_{22}+P_{21})}{P_{21}}(GR_1^h-Q_{11}+\Omega_1^{h+}) \quad (2.29)$$

通过对式（2.29）分析发现，只要 Ω_1^{h-} 足够小，或者说处罚的力度足够大，式（2.29）完全可以是大于0的，也就是说，$E_{12}[W_{32}(gX1)]<E_{12}[W_{32}(X2)]$是完全可能的。显然，这样的一组还贷合约是存在的。

（三）总结

综上所述，我们一定能找到这样的一组还贷合约（gX1，X2），使它们可以同时满足 $E_{11}[W_{31}(gX1)]=E_{11}[W_{31}(X1)]$和 $E_{12}[W_{32}(gX1)]<E_{12}[W_{32}(X2)]$，此时，分离均衡得到实现。注意银行所制定的处罚额度 Ω_1^{h-} 和奖励额度 Ω_1^{h+} 一定要适度，特别是要保证 τ_3 时刻产生的项目期望收益能够弥补 τ_2 时刻的处罚额 Ω_1^{h-}。

改进还贷契约同时要强调，无论是质量高企业还是质量低企业，只要其在最初选择了改进还贷契约 gX1，那么在 τ_2 时刻，不论其前期投资项目结果如何，都必须继续进行第二期项目的开展。特别是带有处罚性规定的 Ω_1^{h-}，一定要坚持执行（否则，银行对违约企业的处罚将不可置信，也没有了处罚机会）。另外，企业也不能因为 τ_2 时刻前期项目失败了，就改为签订其他还贷契约，理由非常简单，理性的银行债权人一定会处罚它。

显然，在信息不对称条件下，我们找到了一组克服逆向选择问题的契约。银行就可以根据它规避贷款过程中逆向选择问题带来的信贷风险，从而实现了对自身的保护。

第三章　控股股东控制下的企业债权人保护

本书对公司治理研究的历史进行梳理可以发现，早期公司治理研究是基于股权结构高度分散为前提的，这也基本符合当时以英美国家为代表的资本市场股权结构特点，因而主要侧重于研究公司内“强有力的领导者”和公司外“软弱的股权持有者”间的委托代理问题上，即管理者企业经营的第一目标并不是股东最大化，而是私人收益最大化。然而，随着学者们对委托代理问题研究的不断深入，他们发现很多国家企业股权并不是高度分散的，而是相对集中的。于是，研究者的研究重心开始转向控股股东与公司治理关系的研究，一开始，研究的焦点主要侧重于控股股东在公司治理中的积极作用和股权结构与公司绩效的关系。近几年来，控股股东在公司治理中的消极作用已逐渐成为公司治理研究的前沿领域和侧重点。然而，对于股权集中的企业，研究者主要是研究掌握企业控制权的控股股东与无企业控制权的中小股东之间的代理问题，即控股股东能利用控制权优势实施对中小股东利益侵占，对控股股东对债权人的利益侵占却鲜有涉及。因此，本章试图在对股权集中情况下控股股东对债权人利益侵害做有益的探索①。

第一节　债权人与控股股东利益冲突

一、债权人与控股股东利益冲突文献回顾

由于股东相对于债权人有更多的公司参与权和决策权，那么股东在公司经营过程中有强烈的机会主义动因实施对债权人的侵占行为，

① 公司内部的利益冲突非常复杂，常见的有股东与管理层利益冲突、股东与债权人利益冲突、管理层与债权人利益冲突，实际上还有大股东与中小股东利益冲突、大债权人与小债权人利益冲突，甚至有债权人与大股东合谋或与管理层合谋引发的与中小股东冲突，而且不同冲突又相互限制，但由于篇幅有限没有过多深入，本书仅限于研究控股股东与管理层合谋下及非合谋下，控股股东与债权人利益冲突下的债权人保护。

以实现自身利益最大化，这是股东与债权人间系列代理问题发生的根源。Smith 和 Warner（1979）提出[①]股东选择使他们股权价值最大化的行动会导致债权人利益的受损。债务契约里应有控制利益冲突发生的一些限制性条款。由于企业的投资政策、融资政策以及股利分配政策是内源性的，故债权人与股东会产生与投资政策有关的资产替代和投资不足两种代理问题，产生与融资有关的债权稀释代理问题以及与股利分配有关的过度股利分配代理问题。

1972 年，Fama 和 Miller 在《财务理论》中首次提出[②]，由于债权人和股东本身对待风险的偏好是不同的，股东是风险偏好型的，投资项目不确定性高，未来取得高收益的可能性就高，他就能得到更多的回报，而债权人是风险回避型的，他希望企业投资项目不确定性越低越好，这样就可以得到稳定的本息回报。所以风险偏好不同的债权人和股东对投资项目的选择也有所不同，故两者发生利益冲突成为必然。Jensen 和 Meckling（1976）认为，债权人和公司的债务契约中已就项目风险程度约定了贷款利率，然而股东在融资成功后，如果面临不同风险的投资项目，那么他就会投资风险较大不确定性高的投资项目。若项目成功，股东就会获取不菲的远高于债务本息的回报，即收益的大部分归股东所有，债权人只能获取固定的收益。若项目失败，债权人还要去承担失败的成本。显然投资风险高的项目，债权人的风险和收益是不对等的，或者说债权人获取同等收益的风险在增加，实质上债权人利益在受损。因此，股东能够从高风险项目中获得利益是以损害债权人利益为代价的。

过度股利支付会导致股东现时收益的增加，但同时也导致公司可供投资的资金减少，这无疑损害了企业未来投资能力，侵蚀了债务支

---

① Smith, C. D., Warner, J. B., On Financial Contracting: Analysis of Bond Covenants. *Journal of Financial Economics*, 1979, 7 (2): 117 - 161.

② Fama, E., Miller, M., *The theory of Finance*, New York: Holt, Rinehart and Winston, 1972.

付保证的基础，如果企业进行清算性股利分配，那么相当于将企业价值全部转移给股东，债权人将受到严重的伤害。我们不妨试想一种最糟糕的情况，如果企业将所有资产以股利的形式转移给股东，就会回避公司债务，那么债权人只会得到一个“空壳”企业，也将一无所获。债权稀释是指当公司新的债务优先级别比原有债务高时，公司债务总额的增加使原有债权人承担更高违约风险，但债务索取权账面价值并没有相应增加，仍是原来既定的本金和利息，收益不变而风险增加就意味着原债权人的利益因新的举债而受损。

在国内，童盼、陆正飞（2005）为考察作为我国主要融资方式的债务融资是否能够有效解释企业投资行为，选取了803家上市公司进行了研究，为研究的需要将它们分为低风险企业和高风险企业。经研究发现，低风险企业存在着股东与债权人间的投资不足问题，而高风险企业存在着股东与债权人资产替代问题；同时还发现，无论在低风险企业中还是在高风险企业中都存在明显的负债对企业过度投资的相机治理，但在高风险企业中表现的作用更突出一些，约束力更强一些。进一步研究发现，股东与债权人间的利益冲突程度还和负债来源渠道的不同有关系，就银行借款和商业信用而言，后者形成的债权对企业的相机治理作用不明显，股东更容易通过资产替代和投资不足来侵占商业信用债权人的利益。彭程、刘星（2007）认为，作为企业资金的两位提供者，股东与债权人对企业知识的掌握并不相同，作为信息优势方的股东是代理人，而作为信息劣势方的债权人是委托人。债权人的利益目标是能够从企业获取的稳定无风险的本息，而股东的利益目标是股东利益最大化。不同利益目标的追求决定了债务契约签订后，一旦股东控制了资金，就随时可能选取不利于债权人利益目标的投资政策。另外，由于委托人和代理人间的信息不对称，契约的不完备性必然存在，这也决定了债务契约无法有效控制股东的投资决策，从而为股东非效率投资奠定了制度基础。

早期，学者们在研究股东与债权人利益冲突时并没有按股东特征对其进行细分，而近期学者们更多关注的是控股股东与债权人利益冲突问题。法克奥、朗和杨（Faccio, Lang and Young, 2001）[①] 以 14 个国家公司作为样本（9 个东亚国家、5 个欧洲国家），研究了控股股东以债务融资作为手段侵占外部债权人利益行为，他们发现当法律对债权人利益的保护较差时，控股股东可以有效地利用高资产负债率对公司资源实施剥夺，当法律对债权人利益的保护强有力时，公司债权人就能有效地限制控股股东的剥夺行为。Holderness（2003）的研究表明[②]，控股股东通常会利用其拥有的控制权转移上市公司资源实现包括股票收益和私人收益在内的控制权收益，从而进行了利益侵占。李秉祥（2003）认为在我国尚处在经济转轨期这个大环境下，债权软约束这一客观现实为控股股东制造出大量的利益侵占空间，而控股股东和债权人间的信息不对称又进一步放纵了企业过度投资和投资不足的行为，使债权人遭受了由于投资扭曲所带来的损失。反过来，债权人为维护自身利益，必然要加强对控股股东行为的约束。张晖和赵涛（2005）在研究西方发达资本市场后认为，商业银行股份制改革必然逐渐促进我国商业银行治理结构的合理化和管理水平的提高，将来他们有动力也有能力去约束控股股东的利益侵占行为。肖作平（2007）认为，在我国的债权人法律保护水平和债权人自身保护水平都比较低的背景下，公司股权集中度越高，控制股东与债权人的利益冲突越剧烈，公司债务代理成本越高，那么债权人更不愿意提供长期贷款，相应的是公司就只能采用更多的短期融资方式。因此，控股股东持股比例显著影响了公司债务到期选择。刘永泽（2010）实证研究发现，流动负债会显著影响控股股东对债权人利益的侵占。宋小保（2013）通过实物期权模型的构建研究发现，控股股东有过度投资的动机，这

---

① Faccio, M., Langn, L. H. P., Young, L., Dividends and Expropriation, *The American Economic Review*, 2001, 91 (1): 54 - 78.

② Holderness, C. G., A survey of Blockholders and Corporate Control, *Economic Policy Review*, 2003, 9 (4): 51 - 64.

种利益侵占行为会加剧股东与债权人的利益冲突。企业终极控制权与现金流权之间的分离程度也会加重他们的代理问题，产生更高的侵占效应。分离程度越高，资产替代越严重，债权人将要求更高的贷款利率。顾乃康等（2015）研究发现，控股股东的利益侵占行为会产生过度投资和过度负债问题，消极控股股东对债权人的利益侵占会加剧投资扭曲。

二、债权人与控股股东利益冲突机理

通过前面文献的回顾，我们发现股东与债权人之间虽然存在利益冲突，但这个利益冲突并非不可协调，只要企业的经营业绩足够好，两者的利益均可得以实现，所以从某种意义上讲，他们的需求是可以有效耦合的，但当企业发行风险负债时，使股东与债权人财富之和最大化也即企业价值最大化的经营决策不一定能够使两者的财富同时实现最大化（Fama and Miller，1972），引起股东和债权人利益冲突的根源还在于两者对现金流的要求权存在一定的区别。我们利用图 3.1 来说明[①]，当企业不存在税负的情况下，假设企业的经营业绩只由资金提供者股东和债权人共同分享。同时假设根据债务契约约定债权人可以从企业获取固定收益 P（即债务本金和债务利息），企业通过资金运营实现的收益全部为现金流，其金额为 R，另外，我们还假设企业内不存在任何代理成本，股东没有侵占债权人利益的动机，债务契约能够完全按照债权人的预期有效履行，那么在这些假设条件下，债权人就可以获得金额为 $R_d = \min[P, R]$ 的现金收益，而股东就可以获取金额为 $R_s = \max[0, R - P]$ 的现金收益，在这里显然有 $R_d + R_s = R$。

① 张正国．融资契约论［M］．成都：西南财经大学出版社，2008：93.

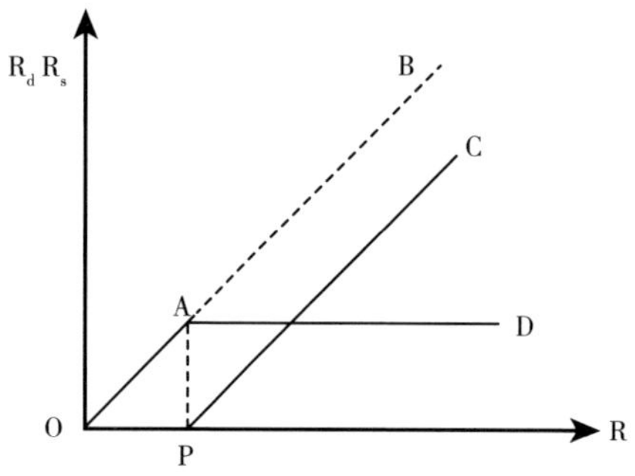

图 3.1　股东与债权人的收益线

图 3.1 中的 OAB 表示企业的总收益线，其斜率为 45°，OAD 表示债权人收益线，PC 表示股东收益线。在［0，P］范围内，债权人收益（R_d）是在不断变化的，但其值始终等于总收益 R（注意，R 在不断增加）；在范围［P，+∞］里，债权人收益并不随总收益 R 的增加而增加，其值是不变的，即固定的本息和 P。在［0，P］范围内，由于企业总收益都归债权人享有，股东收益（R_s）不会享受到收益，但随着总收益的不断增加，超过 P 的收益部分全部归股东所有。

由此可见，债权人投资企业的主要目的是按照债务契约约定到期回收本金并得到额外的固定利息，其只能享有到固定的报酬。而股东享有企业剩余经济利益的权利，即扣除债权人固定收益后的超额利益。股东为追逐更高的剩余收益，必然产生最大限度地利用债务融资扩大投资规模动机，而公司的有限责任制度又进一步强化了该动机。Posner 指出："有限责任并非一种能够消除企业经营失败风险的手段，它只不过是将风险由个人投资者转至公司资源或者非自愿的债权人身上，使他们成为公司违约风险的承担者"①。因此，债权人并不关注企业盈余和净资产到底有多高，只关注约定偿付的本利和是否低于企业净资产的最低值，以确保能获取足额支付。

① 理查德·波斯纳. 法律的经济分析（下）［M］. 北京：中国大百科全书出版社，1997：516.

正因为这样，债权人基于安全因素，会在契约签订时过多使用一些限制性条款，而控股股东希望契约中尽量少使用限制性条款，以免企业未来的经营决策受到债权人过多干涉。因此，最终签订的债务契约一定是双方不断博弈的结果。但双方在签订契约时，由于自身限制无法预知未来所有的不确定因素，因此控股股东和债权人签订的是一份不完备契约。债务契约的不完备性就意味着债权人不可能通过契约条款来完全消除企业未来经营中涉及债务安全的全部风险。控股股东在很大程度上会利用债务契约的不完备性通过一系列的手段来损害债权人利益。

自债务契约签订后，债权人就要根据契约的约定交付资金给企业，进入企业的资金由控股股东来控制。资金在企业里怎样使用、企业的日常经营状况、未来的盈利能力等有关信息，控股股东知道而债权人不知道，债权人明显处于信息劣势方，这就产生了信息不对称的问题，控股股东和债权人就必然形成了一种委托代理关系，信息处于劣势的债权人就是委托人，信息处于优势的控股股东就是代理人。处于信息优势的控股股东侵占信息劣势的债权人的利益也成为一个必然。

一般来说，控股股东主要是通过以下手段来侵占债权人利益的：第一，非法占用公司资金。控股股东为最大化私人利益，往往会采用一些非法占用资金手段以达到目的，如直接借款、无偿占用上市公司资金、拖欠往来账款等手段。上市公司如同控股股东的“提款机”，这种现象的危害相对严重。特别是当控股股东无偿或低成本长期使用通过债务融资取得的资金时，企业资金的短缺就会严重削弱企业的生产经营能力，引起企业财务状况的恶化，甚至是引发企业破产危机，债权人的利益难以得到保障。第二，关联交易。关联交易是不公平的交易，其受到国家的严厉禁止，但是关联交易又往往不易觉察，这成了许多控股股东利益侵占的一个重要手段。控股股东通过关联交易，就可以高价转让不良资产或高价出售低成本产品给关联从属公司，从而实现了公司资产或利润的转移，这些行为显然损害了从属公司的偿债能力。第三，违规担保。由于一些上市公司的内部权力制衡机制无法发挥正常的制衡作用，导致控股股东拥有绝对的控制权，许多控股股东擅自利用公司资产或信用大量借贷。贷款担保行为并非不是一种正常行为，但过度滥用贷款担保或为关联公司做担保等违规担保行为是需要绝对禁止的。违规担保实际上就是恶意债务融资，它往往会使上市公司形成大量坏账，最终会使债权人产生巨额不良资产。

第二节　控股股东与债权人博弈基本模型构建

通过以上分析，我们认为控股股东和债权人之间的利益冲突现象是必然存在的，控股股东和债权人间的利益冲突实质上就是一个博弈的过程，债权人是在不断地与控股股东进行博弈以保障其债权利益的。在博弈论中，参与人的效用不仅仅与自己的战略选择有关系，还与其他所有参与人的战略选择有关系。企业是众多行为主体间契约关系的一个集合。作为契约关系的一个主体，债权人为实现其利益就要参与企业复杂的利益博弈过程中去，但其利益的实现离不开其他主体的战略选择。由于债权人和控股股东之间具有复杂的委托代理关系，他们利益的冲突必然是复杂的博弈过程。我们希望通过求出博弈均衡解来考察有哪些因素会影响他们之间博弈均衡结果，进而为我们有效保护债权人利益提供一个思路。

理性的控股股东知道债权人会根据自己的行动来决定其下一步的行动方案，理性的债权人也知道控股股东会根据自己的行动采取最佳方案。为了更好地分析控股股东和债权人的博弈问题，在博弈模型前，我们先对模型做一些假设：

假设：博弈双方主体是控股股东 S 和债权人 B。控股股东对债权人有两种可供选择的战略：侵占、不侵占。债权人对控股股东也有两种可供选择的战略：监督、不监督。另外，本书假定债权人对控股股东进行监督的过程中，如果发现控股股东有侵占行为，会给予对方一定的惩罚，如对其直接罚款、提高下一次的贷款利率、缩短贷款期限、没收抵押品，甚至是永不对其融资等。为了模型构造的方便，我们假设债权人直接对其实施罚款。另外，我们还假设：

（1）控股股东的控股比例为 α，控股股东新项目融资全部来自债务融资，没有其他的融资渠道，债务融资金额为 I。根据债务契约约定的每期还款额为 D。该笔借款款利息总额为 r。

（2）控股股东能够侵占债权人利益的比例为 ϕ_s（$0 \leqslant \phi_s \leqslant \overline{\phi} \leqslant 1$），控股股东可以转移总的贷款金额 I 中的一部分作为私利，为此付出侵占成本 C_s。

（3）债权人在监督过程中如果发现控股股东对其利益实施了侵害，立即终止契约的履行，债权人能收回余下贷款利益，即 $I + r - D$，并对其处以惩罚，惩罚收益为 b。

（4）债权人为监督控股股东行为需要付出的代价监督成本为 t。

（5）控股股东进行利益侵占的概率为 q，债权人对控股股东实施监督的概率 p。

在博弈分析中，博弈双方的支付函数应具有重要的地位，故以下将探讨博弈双方支付函数的构建。

一、控股股东支付函数构建

自 20 世纪末，国内外众多学者将他们研究的注意力逐渐转移到控股股东利益侵占问题上。La Porta 等（1999）[①] 就构建出一个分析

① La, Porta R., Lopez - de - Silanes, F., Shleifer, A., and Vishny, R. W., Corporate Ownership around the World. *The Journal of Finance*, 1999, 54 (2): 471 - 517.

控股股东利益侵占的基本模型：

$$MAXU = \max[\alpha RI(1-S) + SRI - C(K,S)RI] \tag{3.1}$$

随着研究的不断深入，许多学者对 LLSV 模型进行了进一步的扩展。Friedman 等（2003）指出，如果控股股东对公司利益侵占过多，公司的资金将会短缺，长此以往，最终会引致公司破产，实际上控股股东会得不偿失，不利于其对公司利益的长期侵占。特别需要指出的是，他们在其研究模型中引入债务因素，在每一期期末，按照债务契约的约定，上市公司须偿还贷款金额 D，如果公司不能履约，债权人就可以向法院申请公司破产。这样的话，上市公司在定期偿债后净利润就变为 $R(I-s)-D$。外部投资者并不了解公司的真实收益率 R 和总投资金额 I，只能通过公司公布的财务数据来了解有关信息，如净利润 $R(I-s)-D$。故控股股东的收益函数可以表述为：

$$\alpha(R(I-s)-D) \tag{3.2}$$

此外，Johnson 等（2000）① 关于控股股东的收益函数模型构建为：

$$U = \alpha(R(I-s)-D) + s - s^2/2k \tag{3.3}$$

从上述比较具有代表性的收益函数模型来看，控股股东的收益来自两个方面：一部分是控股股东按控股比例从企业分配来的属于正常经营活动产生的收益（以下简称“正常收益”）；另一部分是控股股东直接侵占外部投资者的利益所得（以下简称“私人收益”）。控股股东对外部投资者的利益侵占是要付出一定代价的，代价的大小与一国的投资者法律保护水平相关，投资者法律保护水平高，相应地，控股股东侵占利益所付出的代价就大，即侵占成本就高。

在模型中，为了便于分析，我们假设公司项目投资所需金额全部来自债务融资，所需贷款资金为 I，另假设项目投资收益率为 R，在

① Johnson, S., La, porta R., lopez - de - silance F., and Shleifer, A., Tunnelling. *The American Economic Review*, 2000, 90 (5): 22-27.

不考虑其他经营成本的情况下，企业所获取的利润为 RI。考虑到我国的现实情况，上市公司融资更多的是为了“圈钱”，在项目利益实现之前已将利益据为己有，因此本书假设控股股东在项目投资前直接转移债务融资金额 I 的一部分作为其私下收益，具体利益剥夺政策主要表现为对融资金额 I 转移比例 ϕ_s 的选择，$\overline{\phi}$ 表示控股股东和管理者能够转移比例的上限，其大小与一国投资者保护法律的完备程度紧密相关，法律条例越完备，$\overline{\phi}$ 越低；反之则越高。

假设控股股东控股比例为 α，获取私人利益侵占成本为 C_s，债权人贷款总利息为 r，债务契约约定的每期还款额为 D。

假设控股股东已融资取得资金 I，若控股股东当期已对债权人利益进行了侵占，那么其收益即正常收益和私人收益的总和为：

$$U_s = \alpha[RI(1-\phi_s) - D] + \phi_s I - C_s \tag{3.4}$$

若控股股东当期不对债权人利益进行侵占，那么控股股东就没有获取私人利益，当然也就没有利益侵占成本的发生，控股股东获取的只是正常经营收益：

$$U_s = \alpha(RI - D) \tag{3.5}$$

二、债权人基本支付函数构建

根据前面分析，我们知道债权人和控股股东之间存在着严重的信息不对称，债权人只能掌握控股股东的部分信息，无法准确知晓控股股东的全部行动。这个时候，信息经济学中的激励相容约束是起作用的，控股股东在面对债权人的任何行动都一定会选择实现自己效用最大化的行动。债权人没有必要一定设计出一个强制性契约迫使控股股东去选择最有利于债权人利益的行动，完全可以通过设计一个激励相容合约使债权人和控股股东达到利益的双赢。这时，债权人的问题是选择满足控股股东参与约束和激励约束的激励合同，以使自己的期望效用函数最大化。有研究表明，这样的激励相容债务契约是存在的。

在执行激励相容债务契约里，如果债权人觉察到控股股东的行动并不是所期望的，那么将应该给予其一定的惩罚。

综上所述，我们可以假定控股股东已收到债权人转过来的贷款资金 I，债务契约约定债权人应获取贷款总利息为 r，控股股东的每期还款额为 D。债权人为防止控股股东侵占其利益，就需要对控股股东进行监督，所以需要付出一定的监督成本 t。债权人在监督过程中如果发现控股股东对其利益实施了侵害（或看不到所希望的行动），立即终止契约的履行，并且债权人能收回余下贷款利益，即 I + r - D，同时要对控股股东进行一定的经济惩罚，惩罚收益为 b。则债权人的收益函数为：

$$U_b = I + r - D - t + b \tag{3.6}$$

第三节　控股股东与管理层非合谋下的债权人保护

我们假设在控股股东取得债务融资资金后，他们的博弈顺序为：控股股东先行动，选择对债务利益进行侵占或者是不侵占；控股股东的行动结束后，债权人根据控股股东的行动来选择最大化自己效应水平的行动：监督或是不监督。因此，控股股东或债权人在做出自己行动选择之前都应有这样的权衡：什么样的战略才是最有利于自己的战略？如果自身已做选择，对方如何选择自己的战略？自己如何根据对方的战略而选择自己的战略？接下来，我们尝试着分析控股股东和债权人两者之间在进行动态博弈时的考虑因素。

在博弈的过程中，理性的控股股东一定会在预测债权人行为的前提下选择有利于自身的战略，理性的债权人也一定在预测控股股东行动的前提下作出回应。理性双方的目标都追求自身效用最大化，图 3.2 是双方的博弈决策树。

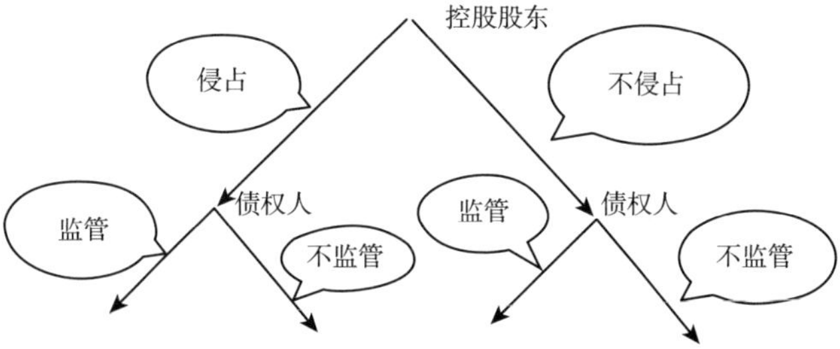

图 3.2　控股股东与债权人博弈决策树

假设 t_1 为债权人发现控股股东侵占其利益的监督成本，b_1 为债权人对控股股东的惩罚收益。当控股股东选择对债权人进行利益侵占而债权人选择监督控股股东行动时，控股股东的最终收益为 $\alpha[R(1-\phi_s)I-D]+\phi_sI-C_s-b_1$，而债权人的最终收益为 $I+r-D-t_1+b_1$；当控股股东对债权人进行利益侵占而债权人选择不监督控股股东行动时，控股股东的最终收益为 $\alpha[R(1-\phi_s)I-D]+\phi_sI-C_s$，而债权人的最终收益为 $I+r-D$；当控股股东不侵占债权人利益而债权人仍选择监督控股股东行动时，控股股东的最终收益为 $\alpha(RI-D)$，而债权人的最终收益为 $I+r-D-t_1$；当控股股东不侵占且债权人也不监督时，控股股东的最终收益为 $\alpha(RI-D)$，而债权人的最终收益为 $I+r-D$。

根据上述分析，大股东和债权人的支付函数构建如表 3.1 所示。

表 3.1　　　控股股东和债权人博弈支付矩阵

博弈		债权人	
		监督 p_1	不监督 $1-p_1$
控股股东	侵占 q_1	$\alpha[R(1-\phi_s)I-D]+\phi_sI-c_s-b_1$, $I+r-D-t_1+b_1$	$\alpha[R(1-\phi_s)I-D]+\phi_sI-c_s$, $I+r-D$
	不侵占 $1-q_1$	$\alpha(RI-D)$, $I+r-D-t_1$	$\alpha(RI-D)$, $I+r-D$

控股股东的期望效用函数为：

$$E_s=\{\alpha[R(1-\phi_s)I-D]+\phi_s I-c_s-b_1\}p_1q_1+\{\alpha[R(1-\phi_s)I-D]+\phi_s I-c_s\}(1-p_1)q_1+\alpha(RI-D)(1-q_1)$$
$$=\alpha(RI-D)-b_1p_1q_1+\phi_s I(1-\alpha R)q_1-c_sq_1 \tag{3.7}$$

对控股股东期望效用函数求解一阶最优条件，即令$\frac{dE_L}{dq_1}=0$，解得：

$$p_1=\frac{1}{b_1}[\phi_s I(1-\alpha R)-C_s] \tag{3.8}$$

式（3.8）表明：

（1）b_1 与 p_1 呈反向变动，即惩罚力度越大，债权人受保护的力度越大，债权人对控股股东侵占利益行为的监督需求就越小；

（2）由前可知，αR 表示控股股东所控制的项目收益比例，随着控股股东所能控制的项目收益比例的增加，p_1 越小，即债权人对控股股东的监督力度会越小；

（3）当利益侵占成本 C_s 增加，债权人可以减少对控股股东监督的力度；

（4）当控股股东侵占的比例 ϕ_s 变大时，p_1 也变大，即债权人应加大对控股股东的监督力度。

同样，债权人对控股股东的行为会作出相应的调整，以更好地自身最大化的利益，则债权人期望收益函数为：

$$E_d=(I+r-D+b_1-t_1)p_1q_1+(I+r-D)(1-p_1)q_1+(I+r-D-t_1)p_1(1-q_1)+(I+r-D)(1-p_1)(1-q_1)$$
$$=I+r-D-t_1p_1+b_1p_1q_1 \tag{3.9}$$

对债权人期望效用函数求解一阶最优条件$\frac{dE_d}{dp_1}=0$，解得：

$$q_1=\frac{t_1}{b_1} \tag{3.10}$$

式（3.10）表明：

（1）债权人的监督成本 t_1 越大，控股股东侵害债权人的利益的可能性就越大；

(2) 债权人对控股股东的惩罚力度 b_1 越小，控股股东越有可能去侵害债权人的利益。

我们把前面所求的 p_1、q_1 的均衡解代入控股股东的期望效用函数，解得：

$$\begin{aligned}\max E_s &= \alpha(RI - D) - b_1 p_1 q_1 + \phi_s I(1 - \alpha R) q_1 - c_s q_1 \\ &= \alpha(RI - D) - b_1 \times \frac{t_1}{b_1} \times \frac{1}{b_1}[\phi_s I(1 - \alpha R) - c_s] \\ &\quad + \phi_s I(1 - \alpha R)\frac{t_1}{b_1} - c_s \frac{t_1}{b_1} \\ &= \alpha(RI - D) \end{aligned} \tag{3.11}$$

该结果和控股股东当期选择不进行利益侵占时所获得的期望收益是一样的，这表明，在有效的监督下，控股股东与债权人间的利益博弈最终将会达到均衡。我们发现，当控股股东和债权人的博弈达到均衡时，控股股东侵占债权人利益和不侵占债权人最终所获取的期望收益完全一样的。因此，当债权人实施的监督有效时，控股股东将无法通过侵害债权人获取超额利益，理性的控股股东必然选择不再侵占债权人利益。

第四节 控股股东与管理层合谋下的债权人保护

一、控股股东与管理者的冲突与合谋

(一) 控股股东与管理者的冲突

在前面控股股东与债权人博弈模型的构建与分析中，并未考虑任何第三方利益相关者的参与，特别是未考虑管理层的参与。实际上，管理层在企业经营过程中扮演一个不可忽视的作用，未将管理层的利

益加以考虑显然是不符合现实实际情况。可以这样讲，前面的博弈模型的构建与分析过程中，实际暗含了这样的一个假设，管理层的目标和控股股东是一致的，他们没有任何冲突，或者说，在控股股东控制的企业里，管理层没有任何攫取私人利益的欲望。现在，我们回到现实生活中去，管理者是有欲望获取超额利益的，并且与控股股东的目标函数不一致，与控股股东是有利益冲突的。

学者们很早就开始关注管理者的代理冲突问题，最早涉及他们之间利益冲突问题的可以说是亚当·斯密，他在《国富论》（1776）中提出，“管理者是占有其他人资金的经营者，因此不要期望他会将其作为自己所拥有的资金一样进行精心的照顾”[①]。美国学者 Berle 和 Means 在 20 世纪 30 年代对美国上市公司研究发现，公司股东大多是小投资者，每个股东持有的公司股份比例很小，所拥有的少量股票投票权决定其无法参与公司的重大经营决策，导致公司的控制权逐渐从公司所有者转移出去，最后集中在同一个人手里面，也就是由公司的管理者掌握控制权，即“控制权与所有权相分离”。经营权和所有权的相分离促使公司内“强有力的领导者”在企业经营管理过程中更在乎自身的利益，而无视公司外“软弱的持有者”的利益，股东与管理者间的利益目标发生了背离，这就是股东与管理者代理问题。

1. 在职消费

在职消费在世界各国都普遍存在，可是关于在职消费的定义迄今还没有一个明确的统一的标准。学者们往往认为在职消费是指管理者获取超过契约约定的正常工资或薪金之外的非货币性收益，包括享受独立豪华办公室、拥有私人车辆或者私人飞机、具有俱乐部会员资格以及获取娱乐餐饮免费消费等。当一个企业的经营权和管理权集中时，管理者会积极努力工作，因为企业的经营收益归其全部所有；当经营权和管理权分离时，管理者只能获取固定的一部分，却不能获取

① 亚当·斯密．国富论［M］．唐日松，等译．北京：华夏出版社，2005．

全部收益。这就决定了管理者在工作过程一定会通过其他形式进行补偿，而在获取其他补偿时并不承担成本，因此在职消费就成为管理者实现自身效用最大化的途径。管理者追求更多的闲暇时间也是变相的在职消费，根据劳动经济学理论，工人在劳动供给时，通常会在工作与休息娱乐之间进行权衡，如果放弃工作的边际成本大于休息娱乐的边际收益，工人就会选择工作；相反，工人就会选择休息娱乐。一般来说，持有公司股份越少的管理者具有更加强烈的追求个人闲暇时间的动机（Jensen and Mecklling，1976）。

在职消费实际上就是股东和管理者代理问题的具体表现。Jensen和Meckling（1976）研究提出，管理者和股东的利益函数并不一致，他们之间有严重的代理冲突，冲突的一种表现形成就是在职消费，它会导致企业整体价值的下降。Grossman和Hart（1980）也同意这个观点，管理者有自己的利益目标，他们往往通过在职消费来实现，这就导致了代理成本的发生。Fama（1980）认为，虽然管理者的在职消费可以通过薪酬的调整来控制，但是薪酬的调整并不一定能完全弥补在职消费所造成的损失，在职消费所引起的代理成本并不能完全消失。Yermack（2005）通过实证研究发现，公司首次披露最高管理者使用专机进行在职消费的事件后，证券市场立即产生了不良反应，说明管理者在职消费会给公司价值带来负面影响，同时也说明管理者在职消费增加了企业的代理成本。

2. 扩大企业规模

扩大企业经营规模是管理者获取自身私利的另一种方式。管理者的个人效用会随着公司规模的增加而增加（Conyon and Murphy，2000）。企业经营规模的扩大一方面使管理者能够控制更多的经济资源，另一方面也有利于管理者获取更高的社会地位。企业拥有更多的经济资源使管理者攫取非货币性收益变成了可能，而社会地位的提高使这个可能变成了现实，企业过度投资就是其表现形式。Jensen（1986）提出，当企业的现金流量比较充裕时，管理者往往并不情愿通过股利的形式分配给股东，而是进行投资以扩大企业的经营规模，甚至于投资负净现值项目。比较典型的就是发生在美国20世纪七八十年代的案例，埃克森—美孚石油公司将企业多余现金投资于商业零售等行业给企业带来数亿美元的巨额经济损失。

股东与管理者的利益目标并不一致就决定了股东必须行使自己的投票权来对管理者的自利行为进行监督，而控股股东因为拥有企业控制权，所以更有优势更有能力对管理者进行监管。

（二）控股股东与管理层的合谋

合谋①最早是用来研究产业组织内企业间价格竞争问题的。随着博弈论、信息经济学和不完全契约理论的不断丰富，使合谋理论不断丰富、不断完善，达到了一个新的境界。在合谋理论不断丰富和不断完善的过程中，Shleifer 等从法律经济学角度做出了一系列研究，并建立了“隧道效应”理论，主要是用来解释控股股东对外部投资者的利益侵占行为。他们研究认为，控股股东往往会利用控制权来获取控制权私人收益，其行为方式主要表现为转移公司资产和利润，即隧道效应。后来很多研究发现，控股股东对外部投资者的利益侵占都是通过与企业管理者的合谋来实现的。

控股股东虽然拥有了公司控制权，但并没有直接介入公司的内部治理。虽然拥有企业重大经营决策权，但现实中控股股东也不可能直接介入公司的具体的实务中去，对企业的具体运作并没有管理者那么熟悉，所以控股股东要想侵害债权人利益以实现自身私人利益就需要与管理者合谋。反过来，管理层可以利用控股股东的默契以达到自身利益最大化，所以其也有与控股股东合谋的动机。这实际上就形成了内部控制人与外部投资者之间的代理问题，拥有信息优势的控股股东与管理层通过合谋来侵占拥有较少信息的外部投资者。当然，控股股

① 合谋进入经济学领域的最开始是研究企业价格竞争所产生的默契，现在其涉及的领域相当宽泛，几乎是信息不对称的地方都存在合谋的问题。

东和管理层也可以不用合谋，各自去实现自己的私利，但考虑到任何一方单独行动去实施侵害行为时，一方面被市场监管者或外部投资者发现的概率显然增加；另一方面是获取的收益将会更少，所以只有充分实现双方结盟才能“共赢”，理性的管理者和大股东一定采取合谋方式侵占债权人利益。因此，我们研究在与管理者合谋情形下控股股东对债权人利益的侵占行为。

二、合谋下控股股东与债权人的博弈

（一）控股股东收益函数的构建

法律本身是一种社会契约，它也具有不完备性，不可能详尽地规定所有未知情况，存在一定的法律“漏洞”是不可避免的。管理者可在项目投资前就转移一部分利益为私人利益，如享受豪华办公室、专车或者专机以及娱乐餐饮消费，甚至以一些通过捏造事实骗取经费等。控股股东通过非法占用上市公司资金、通过转移公司资产等手段来攫取私人利益。理性的控股股东和理性的管理者为达到他们私人利益最大化，合谋成为必然。本部分仍然假设控股股东和管理者是在项目投资前直接转移债务融资金额 I 的一部分作为他们共同的私下收益，具体利益剥夺政策主要表现为对融资金额 I 转移比例 ϕ 的选择，$\bar{\phi}$ 表示控股股东和管理者能够转移比例的上限，其大小与一国投资者保护法律的完备程度紧密相关，投资者保护法律越完备，$\bar{\phi}$ 越低，反之，$\bar{\phi}$ 越高。

当控股股东无意侵占债权人利益时，仍负有企业赋予的监管管理者的义务，控股股东可以通过监督、呼吁的方式限制管理者的侵占行为，Shleifer 和 Vishny（1997）提出[①]，此时控股股东的监督行为对中

① Shleifer, A., Vishiny, R. W., A Survey of Corporate Governance. *Journal of finance*, 1997, 52 (2): 737 - 783.

小投资者而言实际上是一种共享的公共品①。假设当控股股东无意侵占债权人利益时，管理层被查出的风险无限增大，理性的管理层也无意侵占债权人利益或侵占的债权人的利益趋于零。

在合谋情形下，作为控股股东仍然要监督，在此情形下，监督不再是共享的公共品，而是控股股东为实现与管理层的合谋所采取的一种手段，这种情形通常会发生在法律制度不完善的国家，它使模型更为复杂，即监督具有“寻租”性，意在攫取利益而不是为其他利益相关者服务，从而对控股股东更具有吸引力。假设当控股股东监督调查的强度为 m（$0\leqslant m\leqslant 1$）时，控股股东在与管理层的共同私人收益 ϕI 中可以控制的比例也为 m，在分割私人收益时管理者必须把私人收益 $m\phi I$ 分配给控股股东。由于监督调查会发生有形或无形成本，我们假设控股股东对管理者的监督调查成本为 $C=\frac{1}{2}km^2I$（监督调查成本是监督检查强度的凸增函数，随着监督检查强度的提高，成本递增上升，其中 k 为监督调查成本系数）②③。

控股股东的收益函数可表示为：

$$V_s=\alpha\{R[I-\phi I]-D\}+m\phi I-\frac{1}{2}km^2I-C_s \quad (3.12)$$

考虑到现实中，在一些条件下，管理者具备和控股股东进行讨价还价的能力。因此，控股股东和管理者还会就私人利益的分割进行先行的利益博弈（即在控股股东和债权人利益博弈之前进行的博弈）。因此，式（3.12）反映的是考虑各种因素下控股股东和管理者进行博弈所能达到的最佳收益。

---

① 在这里控股股东的监督行为就是一个具有非排他性的，供控股股东和中小投资者共同享用的物品，也就是公共物品。

② Pagano, M., Roell, A., The Choice of Stock Ownership Structure: Agency Costs, Monitoring, and the Decision to Go Public, *The Quarterly Journal of Economics*, 1998, 113 (1): 187-225.

③ 西崎健司，仓泽资成. 股票保有构成和企业价值［Z］. 日本银行金融市场局工作报告，2002-1-4.

我们令：

$$Em = m\phi I - \frac{1}{2}km^2 I \tag{3.13}$$

假设控股股东与管理层就侵占的私人利益进行分割时已达到博弈均衡，那么就一定存在一个最佳 m 使控股股东在私人利益分割时期望收益最大。再令$\frac{dE_m}{dm}=0$，可以得到：

$$m = \frac{\phi}{k} \tag{3.14}$$

将其代入式（3.12），可将控股股东的收益函数重新表述为：

$$V_s = \alpha\{R[I - \phi I] - D\} + \frac{1}{2k}\phi^2 I - C_s \tag{3.15}$$

（二）博弈模型构建及分析

假设 t_2 为债权人发现控股股东侵占其利益的监督成本，b_2 为债权人对控股股东的惩罚收益。当控股股东对债权人利益进行利益侵占而债权人选择对控股股东进行监督时，控股股东最终的收益为 $\alpha[R(1-\phi)I - D] + \frac{1}{2k}\phi^2 I - b_2 - C_s$，债权人最终的收益为 $I + r - D - t_2 + b_2$；当控股股东对债权人利益进行侵占而债权人选择不对控股股东监督时，控股股东最终的收益为 $\alpha[R(1-\phi)I - D] + \frac{1}{2k}\phi^2 I - C_s$，债权人最终的收益为 $I + r - D$；当控股股东不对债权人利益进行侵占而债权人仍选择对控股股东进行监督时，控股股东最终的收益为 $\alpha(RI - D)$，债权人最终的收益为 $I + r - D - t_2$；当控股股东不对债权人利益进行侵占，债权人也不对控股股东进行监督时，控股股东的最终收益为 $\alpha(RI - D)$，债权人的最终收益为 $I + r - D$。

根据上述分析，控股股东和债权人的支付函数构建如表 3.2 所示。

表 3.2　　　　控股股东和债权人博弈支付矩阵

博弈		债权人	
		监督 p_2	不监督 $1-p_2$
控股股东	侵占 q_2	$\alpha[R(1-\phi)I-D]+\frac{1}{2k}\phi^2 I-b_2-C_s, I+r-D-t_2+b_2$	$\alpha[R(1-\phi)I-D]+\frac{1}{2k}\phi^2 I-C_s, I+r-D$
	不侵占 $1-q_2$	$\alpha(RI-D), I+r-D-t_2$	$\alpha(RI-D), I+r-D$

控股股东的期望收益为：

$$
\begin{aligned}
E_s &= \{\alpha[RI(1-\phi)-D]+\frac{1}{2k}\phi^2 I-b_2-C_s\}p_2q_2 \\
&\quad +\{\alpha[RI(1-\phi)-D]+\frac{1}{2k}\phi^2 I-C_s\}(1-p_2)q_2 \\
&\quad +\alpha(RI-D)p_2(1-q_2)+\alpha(RI-D)(1-p_2)(1-q_2) \\
&= \alpha(RI-D)-b_2p_2q_2+\left(\frac{1}{2k}\phi^2 I-\alpha\phi RI-C_s\right)q_2 \qquad (3.16)
\end{aligned}
$$

对控股股东期望效用函数求解一阶最优条件，即令$\frac{dE_s}{dq_2}=0$，解得：

$$p_2=\frac{I}{b_2}\left[\frac{1}{2k}\phi^2-\alpha\phi R\right]-\frac{C_s}{b_2} \qquad (3.17)$$

式（3.17）表明：

（1）b_2 与 p_2 呈反向变动，即惩罚力度越大，债权人受保护的力度越大，债权人对控股股东侵占利益行为的监督需求就越小；

（2）由前面所知，αR 表示控股股东所控制的项目收益比例，随着控股股东所能控制的项目收益比例的增加，p_2 越小，即债权人对控股股东的监督力度会越小；

（3）P_2 与 I 呈同向变动，即债权人投入的资金力度越大，控股股东侵占利益的空间越大，债权人越要加强对控股股东的监督力度。

同样，债权人对控股股东的行为会作出相应的调整，以更好地自身最大化的利益，则债权人期望收益函数为：

$$
\begin{aligned}
E_d &= (I + r - D + b_2 - t_2)p_2q_2 + (I + r - D)(1 - p_2)q_2 \\
&\quad + (I + r - D - t_2)p_2(1 - q_2) + (I + r - D)(1 - p_2)(1 - q_2) \\
&= I + r - D - t_2p_2 + b_2p_2q_2
\end{aligned}
\tag{3.18}
$$

对债权人期望效用函数求解一阶最优条件$\frac{dE_d}{dp_2}=0$，解得：

$$
q_2 = \frac{t_2}{b_2}
\tag{3.19}
$$

式（3.19）表明：

（1）债权人的监督成本 t_2 越大，控股股东侵占债权人利益的可能性就越大；

（2）债权人的惩罚力度 b_2 越小，控股股东越有可能去侵害债权人的利益。

我们把前面所求的 p、q 的均衡解代入控股股东的期望效用函数，解得：

$$
\begin{aligned}
\max E_s &= \alpha(RI - D) - b_2p_2q_2 + \left(\frac{1}{2k}\phi^2 I - \alpha\phi RI - C_s\right)q_2 \\
&= \alpha(RI - D) - b_2 \times \frac{t_2}{b_2} \times \frac{1}{b_2}\left[\frac{1}{2k}\phi^2 I - \alpha\phi RI - C_s\right] \\
&\quad + \left(\frac{1}{2k}\phi^2 I - \alpha\phi RI - C_s\right)\frac{t_2}{b_2} \\
&= \alpha(RI - D)
\end{aligned}
\tag{3.20}
$$

该结果和控股股东当期选择不进行利益侵占时所获得的期望收益是一样的，这表明，尽管控股股东和管理层存在合谋的可能性，但在有效的监督下，控股股东与债权人间的利益博弈最终将会达到均衡，此时控股股东侵占债权人利益和不侵占债权人最终所获取的期望收益完全一样的。因此，当债权人实施的监督有效时，控股股东通过和管理者的合谋也无法侵害债权人获取超额利益，理性的控股股东必然不再选择和管理层合谋，不再侵占债权人利益。

第五节　两种不同情况下博弈结果的比较

通过前面的博弈模型构建及分析，我们发现：

无论控股股东和管理者合谋还是非合谋情况下，控股股东当期选择侵占债权人利益和当期选择不进行利益侵占时所获得的期望收益是一样的，这表明，只要存在有效的监督，控股股东与债权人间的利益博弈最终将会达到均衡，此时控股股东对债权人进行利益侵占的期望收益等于不对债权人进行利益侵占时的期望收益，此时，不管管理层如何选择行动，理性的控股股东必然选择不再侵占债权人利益，而是和其他利益相关者包括债权人共同采取对管理者监督的行动。

当控股股东不与管理层合谋时，控股股东侵占债权人利益比例越高，债权人越要加大监督力度。但当控股股东和管理层合谋时侵占的比例 ϕ 增大时，p_2 并不一定增大，即债权人的监督力度并不一定加大。

对式（3.17）求导，解得：

$$\frac{dp_2}{d\phi}=\frac{I}{b_2}\left(\frac{\phi}{k}-\alpha R\right) \tag{3.21}$$

我们发现式（3.21）并不一定大于0，当 $\phi<k\alpha R$ 时，它是小于0的，即债权人的监督力度并不一定随侵占比例 ϕ 增大而增大。可能部分是因为：在合谋情况下，债权人为保护自身利益所需要的监督力度相应要更大一些，当付出的代价成为债权人不能承受之重时，就会放弃监督。

我们不妨再比较一下 $q_1=\frac{t_1}{b_1}$ 和 $q_2=\frac{t_2}{b_2}$ 的大小。初看，好像它们几乎没有什么区别，都是反映 t 和 b 的比例关系，而且 $q_1=\frac{t_1}{b_1}$ 和 $q_2=\frac{t_2}{b_2}$ 大小并不那么容易比较。我们不妨想想，b 代表的是债权人通过监督控股股东和管理层所能够获得的好处，它相对于投入的监督成本 t 来说，增速肯定要慢，否则就意味着债权人投入的监督成本越高，获取的好处越大，那么债权人在现实中就应该越喜欢对控股股东和管理层进行监督，这显然和现实情况不符。在现实情况中，债权人和中小股东一样热爱“搭便车”，他们并不希望投入更大的监督成本，而是希望别人对付出监督成本，自己从中顺便获利。也就是说，Δt（由 t_1 变化到 t_2 时的值，由于控股股东与管理者合谋，他们被发现的概率会减小，相应的债权人为发现他们是否侵占利益所付出的代价比然就大，因此一定有 t_2 比 t_1 大）比 Δb（由 b_1 变化到 b_2 时的值，理论上认为债权人投入的监督成本越高，他就越希望获取更大的回报）要大，因此，不难看出，q_2 比 q_1 要大。这就意味着当控股股东和管理层合谋时比非合谋时侵占债权人利益的可能性要大，债权人为保护自身的利益，需要投入更大的监督成本。但债权人不可能会追加更大的监督成本，也许他们会选择其他的方式来解决此类问题，如不再贷款给企业，此举显然会破坏债务资本市场的有效运行。为了维护债务资本市场的有效运行，就需要第三方来投入额外的监督成本、加大监督力度来弥补债权人监督的不足。当然，最好的第三方就应该是政府，特别是目前我国正处在经济转轨时期，政府就更应该扮演好这个角色。

第四章　企业破产重整期间债权人保护

第一节 破产程序概述

我国现行的《企业破产法》规定，企业法人不能清偿到期债务，并且资产不足以清偿全部债务或者明显缺乏清偿能力的，应进入破产程序①。破产程序主要包括重整、和解和清算三个阶段。

破产重整，指破产宣告后，启动对具有再生能力的债务企业采取的以帮助其走出财务困境重获新生的一种破产预防制度。破产和解，是指破产宣告后，为避免清算，债务企业与企业债权人之间达成的以债权人进行债务让步为主的协议，从而终结破产程序的一种制度。破产清算，是指债务企业宣告破产后，由清算组依法对企业的破产财产进行清算、评估、处理、分配，使债务企业在法律上彻底灭失的一种制度。

相比而言，破产清算最终促使了债务企业不复存在，而破产重整与破产和解都能有效地防止企业灭失，起到使企业保存下来继续经营的作用。但破产和解与破产重整相比，其作用受到极大限制。第一，调整内容上的差异直接导致破产预防功效上存在差距。破产重整要调整的内容虽然涉及债务的清理问题，但这不是其主要目的，它更主要的目的是拯救企业帮助企业复兴。因此它要调整企业的各个方面，包括债务、经营管理方针等内容，使企业能够及时恢复正常的生产经营能力，具有自我造血功能，以达到重生。而破产和解调整的仅仅局限于企业债务债权关系，达成延期支付、减免债务等协议，但这也只是为公司的复兴赢得一个缓冲的机会，债务企业最终是否利用这个机会走出困境没有一个肯定的答案。第二，制度设置的差异致使最终的效果也不一样。法律规定，只要企业处在破产重整程序中，所有的破

① 详见《中华人民共和国企业破产法》第一章总则第二条规定。

产债权就一视同仁，不管你是有担保债权还是普通债权，没有哪类债权人有特权，这促使了企业重生概率显著增加。在和解程序中，普通债权和有担保的债权是有很多差异的，普通债权受到限制，有担保债权却不受限制，这使企业失败的风险增加。第三，制度适用的措施有差异。破产重整所采用的措施，法律并没有限制，这意味着只要是合法的措施就都可以采用，可以采用延期偿还的方式，可以采取债转股方式，还可以通过优良资金注入的方式等，而破产和解基本上只能采用延期偿还或减免债务等以债务人的让步为主的方式。第四，制度惠及的群体不同。破产企业的重整成功可以使投资者、职工、消费者等所有利益相关者获得好处，实现的是社会整体利益最大化，而和解程序所惠及的范围要小得多，仅仅是债权人和债务人的小团体利益。因此，在我国破产现实选择中很少有企业走和解之路的案例。

如果说重整和重生是一对正面孪生体的话，那么清算和灭亡就是对应的另一对负面孪生体。在现实社会中，之所以政府不轻易让一家大型企业（特别是国有大型企业）破产①，是因为它所牵扯到的利益非常广泛。企业的破产清算会造成社会资源的巨大浪费，也会使很多的利益相关者的利益受损。第一，是债务企业利益。企业一旦走上破产清算程序，其结果将是企业法律主体地位的彻底灭失。投资者投入企业的资金将血本无归，对那些聚毕生财力进行投资的投资者来讲更是永无翻身的机会，不利于投资者的市场参与。而破产重整显然给予有重整希望的债务企业一个价值再造机会，它们可以积极地采取各种措施，东山再起，保全自身利益。第二，是债权人利益。破产清算的条件就是企业不能清偿到期债务且资不抵债，说明债权人在清算过程中不可能保全全部债权，这是债权人遭受的第一道损失。清算组在对破产财产清算过程中，清算资产的评估价值一定低于正常经营的评估价值，债权人无疑遭受了第二道损失。在现实社会中，普通债权获取

① 国有企业破产容易导致国有资产流失，同时又把大量下岗职工急剧推向市场，容易引起群体事件，产生的影响比较深远。

平均不及10%的清偿率就更好地证明了这一点。在破产重整中，虽然也存在一定风险，而且债权人权利可能还会有所减少或限制，不可能完全保全，但是破产重整一旦成功，债权人所获得的利益绝对不会少于在清算中所获取的清偿额，而且还附加了一个有价值的选择清偿方式权利，从而最大限度地实现其利益。第三，是破产中的其他利益群体的利益。在企业清算后，无论是普通职工还是高级管理者都失去了一个工作机会，消费者失去一种可供选择的产品，政府税收也遭受一定影响。而重整相反，重整成功的企业使其利益相关群体能一如既往享受其利益。总体来讲，重整制度更有利于各方面利益冲突的协调，使各方面利益最大化。

因此，为了问题分析的简便化，我们假定破产企业在破产过程中只有两个选择，要么选择破产重整，要么选择破产清算。以下我们站在债权人的角度上，就破产选择中债权人利益保护做一些探讨。

第二节　破产选择中债务企业与债权人的利益冲突

企业破产前后，以企业作为结点产生的利益相关者主要有债务企业、股东、职工、政府、债权人等。为了各自的利益，存在复杂利益关系的这些主体在企业破产过程中展开了一个动态的、群体的、复杂的博弈。在博弈过程中，他们会通过不同的战略选择实现自身利益最大化。

应该说，由于破产企业资源的稀缺性，相对于企业正常经营期间，利益相关者的利益冲突会更加激烈，而和债权人利益冲突最突出的无疑是债务企业。尽管在破产过程中，企业股东和管理者虽然无法像在企业正常经营中那么强势，但他们或多或少还是参与到公司的决策过程中，所以我们认为，债务企业与债权人的利益冲突仍主要表现为大股东、管理层和债权人的利益冲突。

即使股东在企业重整过程中只能取得微薄的股本利益，但他们对重整也表达了极大兴趣。理由很简单，重整对他们就像是一个只赚不赔的买卖：如果企业破产重整成功，他们就可以获利；如果企业破产重整失败，他们也不损失什么东西，该损失的在破产重整之前已损失了，而债权人还承担了代价。因此，对于控股股东而言，他们更是希望企业能够重整成功。一方面因为控股股东在财务困境企业里持有的股份最多，如果企业清算，那么就意味着他们相对于中小股东更大的股本投资血本无归；另一方面，控股股东在企业正常经营过程中，不仅仅获取和中小股东一样的按所持股份进行分配经济利益的正常收益，还能够获取通过侵占中小股东和债权人经济利益的私人收益。

理论上讲，企业走入破产程序意味着管理者经营失败，其应该让出经营权。但现有的破产制度却背离了其被赋予的保护债权人利益的初衷，破产企业管理者掌握的权利并没有显著性减少，至少比债权人的权益要多，破产制度的软弱性仍然无法有效保护债权人利益。如果企业管理者预期到企业破产重整最终会走向失败而导致清算，那么他们甚至会延缓清算时机的到来，而且破产制度对管理者的相对软弱决定了破产企业规模越大，企业清算时机越滞后的状况。

当企业陷入财务困境后，企业管理者改变了他们的目标函数。此时的目标函数不再是企业价值最大化（或者是股东利益最大化），而是管理者利益最大化，同正常经营时期一样包括货币性收益和非货币性收益。对于管理者来说，获取利益有两个来源：一是控制权收益，管理者掌握的控制权所带来的私人利益，主要由如在职消费、剩余索取收益等构成；二是正常收益，管理层按股权比例分配的权益收益和契约约定的工资报酬收益。

对于无股份的管理者来说，实现自身利益最大化最大的变动因素就是获取控制权利益。一旦企业进入破产保护，企业的价值就会显著下降，随之控制权所带来的私人利益将会减少。另外，大量研究表明，由于公司陷入困境往往和管理者有直接关系，因此公司管理层的替换也是常有现象，管理者职位的不保一方面使其无法获取固定的薪酬收益；另一方面引致企业破产的事实会给管理层职业声誉带来或多或少的负面影响，再就业就增添了一份障碍。

对于持股的管理层来说，其利益最大化最大的变动因素是控制权收益与权益收益。一般来讲，当企业处于困境时，及时申请破产保护可以有效地阻止企业经营状况的进一步恶化，得以尽量保全企业资产价值，特别是当持股的管理者拥有的企业股份比较多的时候。另外，持股的管理者还可以持有的股份做谈判的砝码，尽量说服债权人保留原有职位，这样一方面可以不会使其未来职业生涯带来声誉损失，另一方面可以使自己继续有机会最大化控制权收益。

总之，无论是债务企业股东还是债务企业管理层，只要尚存能与债权人达成破产重整避免破产清算的希望，他们就一定会去尝试。而债权人的希望就更加单纯，只要能获取更多的利益清偿就行，甭管清算还是重整，反正不管哪种情形债权人都是要受损的。从已有的统计数字来看，债权人通过破产清算最终获取的债权清偿率非常低，尤其是普通无担保债权人往往还不足10%，显然通过破产清算获取债权对债权人是无奈之举。但需要引起债权人注意的是，破产重整并非毫无风险，有时候债务企业经过一段时间的经营之后，其财务状况变得更加恶劣，此时不得不清算财产则比最开始立即清算财产少更多。

第三节　债务企业与债权人博弈模型构建与分析

一、模型假设

（1）模型有两个博弈主体：债务企业和债权人。以下债务企业在各种情况下的支付是扣除债权人支付后其他利益主体的总支付，当然，股东和管理层占据博弈核心地位。尽管在实务中，破产企业涉及的债权人可分担保债权、无担保债权、优先债权和普通债权等，他们获取各自利益时并不具有平等地位，即债权人是异质的，但是考虑到他们和股东及管理层博弈时的目的大致是一样的，故我们假设这里的债权人是同质的。

（2）债务企业的两个策略（重整，清算）有特定含义：重整即重整且获得成功的情况，清算指债权人同意债务企业重整的前提下却最终重整失败转为清算的情况。若重整成功则能带来稳定的现金流 Y（$Y>0$），重整失败能带来现金流 Y 的概率为 ϕ，带来现金流 0 的概率为 $1-\phi$。债务企业重整成功的概率为 q，重整失败转为清算的概率为 $1-q$。债务企业知道其真实情况，而债权人不知道。债权人也有两个策略（重整，清算），这两个策略就是现实中的一般含义，重整就是同意债务企业继续经营企业，清算就是要求债务企业停止经营立即清算。债权人同意企业破产重整的概率为 P，不同意企业破产重整而要求其立即清算的概率为 $1-P$。

（3）债务企业破产前的债务总量为 D。如果企业进行破产重整，债权人同意在债务企业重整并且重整成功情况下获得的债务清偿率就为 R_1，即债权人同意免除的债务比例为 $1-R_1$。

（4）债务企业原有资产 V_0。考虑到债务人再很难从债权人取得融资，假设重整时只有新的投资方愿意进入债务企业才进行重组，且其注入的资产为 V_1。

（5）如果债权人最初不同意债务企业重整而是立即清算，那么其可以获得的债务清偿率为 R_2，如果债权人最初同意债务企业重整而后失败再清算，则债权人可以获得的债务清偿率为 R_3（显然在这里有 $1>R_1>R_2>R_3>0$）。

（6）当债务企业同债权人协商重整事宜而债权人要求清算致使最终结果为立即清算时，债务企业要付出谈判成本 C_1；当债权人同债务企业协商重整事宜而债务企业最终重整失败转为清算时，债权人要付出谈判成本 C_2（谈判成本包括双方的沟通成本、相关资料的搜索成本和打印成本等）。

（7）博弈双方都是理性的且都是风险中性的。债务企业和债权人各自获取的经济利益计算（即博弈双方支付的计算）不考虑货币时间价值的影响。

需要注意的是，以上假设涉及的重要事件及有关数值分布于以下不同的时期，其时期分布如图 4.1 所示。

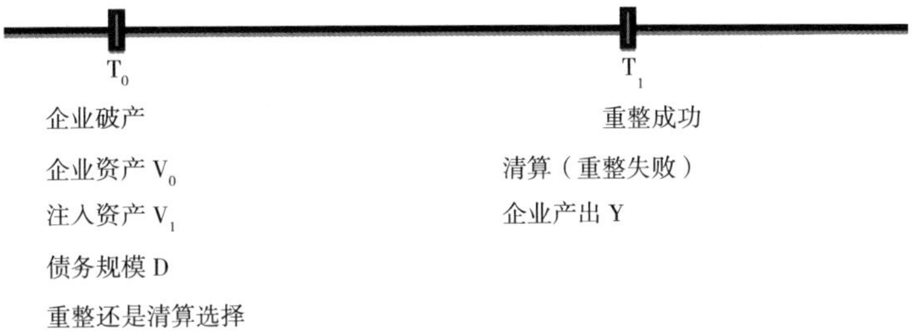

图 4.1　时期分布

二、模型构建

当债务企业和债权人都同意重整同时企业重整取得好转时，债务企业的支付为 $V_0 + Y - V_1 - R_1D$，债权人的支付为 R_1D；当债务企业和债权人都选择破产清算时，则债务企业的支付为 0，债权人的支付为 R_2D；当债务企业同债权人协商重整事宜而债权人要求清算致使最终结果为立即清算时，则债务企业的支付为 $V_0 - C_1 - R_3D$，债权人的支付为 R_3D；当债权人同债务企业协商重整事宜而债务企业最终重整失败转为清算时，则债务企业的支付为 $V_0 + \phi Y - V_1 - R_3D$，债权人的支付为 $R_3D - C_2$。

根据前述前提和假设，双方的博弈支付矩阵如表 4.1 所示。

表 4.1　　　　债务企业和债权人博弈支付矩阵

博弈		债权人 重整 p	债权人 清算 1 − p
债务企业	重整（重整好转）q	$V_0 + Y - V_1 - R_1D$，R_1D	$V_0 - C_1 - R_3D$，R_3D
债务企业	清算（重整失败）1 − q	$V_0 + \phi Y - V_1 - R_3D$，$R_3D - C_2$	0，R_2D

三、模型分析

（一）基本分析

在这里，我们仅考虑债权人在（重整，清算）两者策略下各自的期望效用的比较，当重整下的期望效用比清算下的期望效用大时，我们允许企业进入重整程序继续经营企业就是对债权人最好的保护，否则，我们要求企业立即清算以防止债务企业对债权人进一步的伤害。

如果债权人愿意重整，则其期望效用为：

$$E_1 = R_1Dq + (R_3D - C_2)(1 - q) \tag{4.1}$$

如果债权人愿意清算，则其期望效用为：

$$E_2 = R_3Dq + R_2D(1 - q) \tag{4.2}$$

则债权人愿意重整的条件为 $E_1 \geqslant E_2$，也就是式（4.1）减去式（4.2）要大于或等于 0，那么很容易求出：

$$q > \frac{R_2D - R_3D + C_2}{R_1D - 2R_3D + R_2D + C_2} \tag{4.3}$$

我们令：

$$q'' = \frac{R_2D - R_3D + C_2}{R_1D - 2R_3D + R_2D + C_2} \tag{4.4}$$

所以我们得出以下结论：当债务企业重整成功概率为 $q \geqslant q''$ 时，债权人要选择重整；否则，债权人立即要求清算企业。在这里，债权人要获取债务企业能够重整成功的概率是债权人利益保护的必要条件，但在现实生活中这是有一定难度的。债权人对债务企业的真实情况并非一无所知，债权人可以对债务企业进行审计，也可以委托会计师或委托投资银行、中介机构对企业进行审核，从而有可能获取企业的真实情况，从而对企业破产成功的概率有一个认识。

（二）扩展分析

1. 从债务企业的角度

债务企业的期望效用函数为：

$$\begin{aligned} E_e &= pq(V_0 - R_1 D + Y - V_1) + p(1-q)(V_0 - R_3 D + \phi Y - V_1) \\ &\quad + (1-p)q(V_0 - R_3 D - C_1) + (1-p)(1-q)\times 0 \\ &= pq(Y - \phi Y - R_1 D + 2R_3 D - V_0 + C_1) \\ &\quad + p(V_0 - R_3 D + \phi Y - V_1) + q(V_0 - R_3 D - C_1) \end{aligned} \tag{4.5}$$

要使债务企业的期望效应函数最大化，我们就要对式（4.5）求解一阶最优条件：$\frac{\partial E_e}{\partial q}=0$，解得：

$$q^* = \frac{V_1 + R_3 D - V_0 - \phi Y}{(1-\phi)Y + 2R_3 D + C_1 - V_0 - R_1 D} \tag{4.6}$$

式（4.6）表明：

（1）债务企业的初始价值 V_0 越小，q^* 越大，即企业的初始价值越小，将来债务企业重整好转的概率越大，债权人利益回收的可能性越大。原因可能是债务企业的初始价值越小，说明相应的债务总量也相对越小，注入新的资金总量也不是需要那么大，寻找新的投资方变得更加容易，所以债务企业的初始价值 V_0 价值越小，债权人自身保护的策略越应倾向选择重整。

（2）当 R_1 越大时，q^* 越大，也就是企业重整成功的概率变大，表明债权人只须做微小的让步，债务企业就能够重整成功，也表明债务企业本身的质量还是比较高的，债权人利益也就能得到了质量较高的保护。

（3）当 V_1 越大时，q^* 越大，表明新注入的资产越大，债务企业取得重整成功的概率也越大，说明股东和管理层也不希望企业进行破产清算，所以他们越会尽最大努力促使企业重整成功，早日走上正常的经营环境中，也越有利于债权人利益的实现。

(4) 将式 (4.6) 稍加变形，可以得到 $q^* = \dfrac{\frac{1}{Y}(V_1 + R_3D - V_0) - \phi}{\frac{1}{Y}(2R_3D + C_1 - V_0 - R_1D) + 1 - \phi}$。

可以看出，当重整失败能带来现金流 Y 的概率 ϕ 越小时，债务企业重整成功的概率 q^* 越大。这表明，重整失败能带来现金流 Y 的概率 ϕ 越小，重整失败和重整成功的情况越不容易混淆，也就越能够使股东、管理者、债权人等利益相关方更清楚知道重整的结果，那么一旦走上重整的道路，重整概率变得越高，就越利于债权人利益的实现。即使不能走上重整的道路，债权人及时清算也远比重整失败所获取的利益要高。

2. 从债权人角度

债权人的期望效用函数为：

$$\begin{aligned} E_d &= p[qR_1D + (1-q)(R_3D - C_2)] + (1-p)[qR_3D + (1-q)R_2D] \\ &= pq(R_1D + R_2D - 2R_3D + C_2) + p(R_3D - R_2D - C_2) \\ &\quad + q(R_3D - R_2D) + R_2D \end{aligned} \tag{4.7}$$

同样，债权人对债务企业的行为作出回应，及时调整策略，使自身利益最大化，即求：

$$\begin{aligned} \max_p E_d &= p[qR_1D + (1-q)(R_3D - C_2)] \\ &\quad + (1-p)[qR_3D + (1-q)R_2D] \\ &= pq(R_1D + R_2D - 2R_3D + C_2) \\ &\quad + p(R_3D - R_2D - C_2) \\ &\quad + q(R_3D - R_2D) + R_2D \end{aligned} \tag{4.8}$$

对式 (4.8) 求解一阶最优条件：$\dfrac{\partial E_e}{\partial p} = 0$，解得：

$$q^* = \frac{R_2D - R_3D + C_2}{R_1D + R_2D - 2R_3D + C_2} \tag{4.9}$$

式（4.9）表明：

①将式（4.9）稍加变形，可得到 $q^* = \dfrac{R_2 - R_3 + \dfrac{C_2}{D}}{R_1 + R_2 - 2R_3 + \dfrac{C_2}{D}}$。可以发现，当债务企业破产前的债务总量 D 越大时，$\dfrac{C_2}{D}$越小，债务企业重整成功的概率也越小。在此情况下，债权人宜尽早清算以最大限度地保护自身利益。

②当 R_1越小时，q^*越大，债权人愿意重整的概率变大，企业重整成功的概率也变大，表明债权人愿意免除的债务越大，债权人越希望重整，债务企业和债权人越容易就破产重整达成一致意见，重整过程中的目标也越容易一致，从而增大了重整成功率，债权人利益也得到了保护。

我们发现，从债务企业和债权人不同角度进行分析时，有些结论却截然相反：从债务企业角度看，R_1越大，q^*越大，而从债权人角度看，R_1越小，q^*越大。这是不是矛盾的呢？不是，债务企业认为债权人只要做一个微小的让步就足以看出债权人希望重整的诚意，就足以给予债务企业破产重整成功的信心，而债权人认为当自己做出比较大的让步时，债务企业就能获取更大的喘息之机，更有利于债务企业破产成功。在这里，债权人需要慎重考虑的是，到底 R_1 达到多大比例，才既能够让债务企业取得破产重整成功，同时也能够让自己获取比破产清算更多的利益。当然，债务企业也需要在这里权衡。最终的 R_1 一定是双方博弈的结果，本书在这里并不准备做过多的探讨。

第五章 企业并购和债权人保护

企业并购就是将企业兼并行为和企业收购行为合在一起的统称，也是企业改变运营规模、变更资本结构、变动控制权等资本运作具体形式的统称。世界经历了5次并购浪潮，并正经历着第6次浪潮，特别是2008年以来的金融危机后，并购活动在世界范围内愈演愈烈。近年来，随着中国经济的不断发展，各种经济资源的相对稀缺，企业对外扩张的欲望越来越强，扩张步伐也越来越快，中国企业战略并购的数量和金额开始进入世界前列。很快，国内外研究者的注意力就转移到我国的并购市场上来。但是，从已有的研究文献来看，他们的研究内容主要是探讨并购行为对主并购企业和目标并购企业股东的影响，而忽略了对并购企业债权人的影响。但实际上，企业的并购行为已经影响到了相关债权人利益，在某种情况下会损害到债权人的利益。

随着企业并购活动的完成，企业将获取更多的经济资源，占领更多的市场份额、有效实现了多元化经营的优势互补等，这显然更有效保障了债权人利益。但现实告诉我们，不同企业资源的整合是非常困难的，有时不但不能发挥并购的正向效应，反而使并购负向效应无限凸现，企业所遭遇的风险将是空前的，显然会威胁到债权人利益。另外，在企业并购过程中，由于信息的不对称或无法参与企业并购决策中去，相关企业的债权人都属于弱势群体，无法在并购过程中有效保护自身利益。我国频频出现的“借并购之名、行逃废债之实”的现象就是最好的明证。因此，对于企业的并购活动，主并购企业和目标企业双方的债权人无论如何都不要盲目乐观，要时时保持足够的谨慎态度，有效防止自身利益受损。

第一节　企业并购对债权人利益的影响

世事无绝对，任何事情的发生所带来的后果都有两面性，既有积极的一面，也有消极的一面。企业并购的发生对企业债权人也具有积极和消极两个方面的影响。

一、并购对主并购企业债权人利益的影响

（一）并购对主并购企业债权人利益的积极影响

第一，主并购企业边界的扩张有利于保护债权人利益。狭义的并购从某种意义上讲就是吸收合并，是指一个企业通过产权安排使其他相关（一个或多个）企业丧失法人资格或改变法人地位，并成为自己一部分的经济行为；广义的并购则包括合并、接管、收购等多种形式。无论是狭义的并购还是广义的并购，都涉及并购企业边界的变化。债权人与企业之间的利益分配关系是存在于一定的企业边界之内的，随着企业边界的动态变化，债权人与企业之间利益分配关系的内涵和外延都要相应地发生变化。最显而易见的影响就是，企业的边界扩张，企业的经营结构调整、产品结构调整、资产结构调整，使企业更具坚实的基础，并为企业培育出新的利润增长点，这无疑是有利于债权人利益的。

第二，并购有利于提升主并购企业的综合竞争力和核心竞争力，从而为保护债权人的利益夯实基础。在企业并购实践过程中形成了很多并购模式，如果以参与企业规模为标准来细分的话，企业并购可以分为强强并购、以强吃弱、以弱吃强和弱弱并购四种模式。目前，世界经济一体化的格局已经形成，中国企业的并购不应该再局限为简单目的的圈钱运动，而更应该是有明确目标的战略并购。强强并购模式可以集中并购双方优势，整合企业优势资源，使企业实力快速壮大，使企业拥有更强的实力参与国内但最终目的是国际市场的竞争，扩大国际市场份额。只有全面提升企业的综合竞争力和核心竞争力，增强企业市场竞争能力，企业做大做强，企业债权人的利益保障才能获得更坚实的基础。

（二）并购对主并购企业债权人利益的消极影响

企业的并购对债权人来说并不是毫无风险的，随着企业边界的变化，债权人与企业之间的利益分配关系也随之发生变化，当企业的并购面临着失败风险的同时，债权人的利益所面临着的受损风险也随之而增大。第一，企业在并购过程中必须承担相应的交易费用，交易费用主要包括信息搜寻费用、谈判费用、制订和执行契约的时间和费用以及保证契约的履行费用等。无论是以现金进行支付，还是以相应的资产等进行支付，都势必影响到主并购企业的资产状况和支付能力，从而削弱主并购企业履行偿债义务的能力，从而可能损害债权人的利益。第二，并购行动启动后，为了目标企业更好地发展，主并购企业可能会积极地帮助目标企业解决债务问题，还有可能直接承担起目标企业的偿债义务。在这样一种情况下，企业债权人的利益必然也随之而受到影响。第三，债权人的利益还受到并购可能失败而带来的不利影响。尽管世界范围内，并购掀起一波又一波浪潮，但总体上并购成功概率并不高，如麦肯锡咨询公司一项调查显示，成功案例非常少，仅有33%的成功率；再如贝恩公司的调查结果显示只有24%的企业并购活动为企业创造了价值。企业在支付了一定的并购交易费用之后，还面临着并购失败的风险，这一风险不可避免地需要企业债权人来共同承担。

二、并购对目标并购企业债权人利益的影响

（一）对目标并购企业债权人利益的积极影响

目标并购企业之所以成为主并购企业的并购目标，往往是因为这类企业正处于财务困境状态。所谓财务困境是指企业正处在一个无偿付能力的状态，可能是技术上的，也可能是破产意义上的。虽然企业

处于财务困境不会导致立即破产，但是如果企业无法通过各种途径有效地缓解危机，最终必将走向破产清算。对于处于财务困境的目标企业来说，被并购就是拯救自身的一个有效途径。并购及并购之后的债务重组，就是对陷入财务困境但仍有转机和重建价值的企业进行债务的重组，避免企业清算的一种交易，在这一交易中现存的债务契约将被一个新的契约所替代。相对于旧的债务契约来说，这一新的契约可能具有更加有利的履约条件，因而有利于债权人的利益保护。

（二）对目标并购企业债权人利益的消极影响

企业完成并购行动之后，通常会展开对目标企业的重组计划，其中最重要的重组包括债务重组与资产重组。目标并购企业债权人遭受的利益损失又以债务重组表现得特别的突出。

按照我国对债务重组的定义，只要是债权人作了一定程度的让步，使新的债务协议和原协议的偿还条件发生了改变，就可以认定为债务重组。债务重组仅仅是其整个重组方案的一个有机组成部分，债务重组的顺利进行为整个重组方案的成功实施打下坚实的基础。债务重组一般包括以资产清偿债务、债转股、修改债务偿还条件等几种方式。在实际的操作过程中，如果参与重组的公司之间没有任何债务关系，那么被重组公司剥离债务是最好的方式，以减轻重组公司入驻后的压力。如果重组公司拥有被重组公司的债权，那么就可以根据不同的情况具体操作，或债转股，或延期还款，或冲销部分债务等，如此一来就极大调动公司资产重组积极性。当然，可能还会存在其他的操作，例如，有的被重组公司在重组前把巨额债务或劣质资产以隐晦的手法转移给母公司，重组结束后再给予其更大的回报。总之，债务重组方式在实践中展示它的多样性，但有一事实是永不改变的，债权人要做出一定程度的让步。

债务重组本质上是一项改变债权债务契约关系的契约安排。通过这一安排改变了原有的债权债务契约关系，也改变了债权人和债务人原有的利益结构，但最终目的是要达到一个新的双方可以接受的利益均衡。在债务重组过程中，新的利益均衡的达到往往意味着债权人作出一定程度的让步。为了便于债务清偿方案的确定，就需要量化债权人的让步，它描述了债权人在债务重组过程中所遭受的利益损失。但有时债权人所做的让步并非能准确量化，如重组企业采用债转股方式时是用增发股票清偿债务，即“以股抵债”。请注意，此类债务转化的只是普通股而不是优先股，在未来利益清偿过程中，普通股的清偿顺序是滞后于优先股的，更何况此时获取的债务只是“有各种条件约束”的普通股，这显然不利于债权人的，相当于“同股不同权”。那么，一旦企业再次经营不善，债权人将面临新的股权损失，从而遭受二次利益损失。

第二节　并购中企业债权人地位分析

不管主并购企业债权人还是目标并购企业债权人在企业并购过程中都处于弱势地位。

企业债权人处于弱势地位首要原因是信息的不对称。在现实经济社会中，每一经济个体都掌握与某交易行为和交易结果有关的私人信息，即某个经济个体知道，而其他经济个体或对方当事人所不知道的信息。当当事人双方无法知道对方各自拥有的信息时，就产生了信息不对称。但是在信息不对称的环境下，双方当事人并不处在平等的地位上，总有一个是信息优势方，另一个是信息劣势方，而信息劣势方就把自己暴露在风险之下。

市场参与人在信息不对称下选择的博弈策略一定是最大化自身利益的最佳行动方案。但他们显然没有意识到选择该策略的影响。如果双方选择的策略是合作策略，那么双方都实现了利益最大化，但如果双方选择的策略是不合作的，就会扰乱资本市场秩序，加剧市场风险、提高社会交易成本，博弈双方都遭受巨大损失。

在信息不对称的并购活动中，并购企业与企业债权人所掌握的企业信息是不对称的，相对而言，并购企业是信息强势群体，企业债权人是信息弱势群体。由于并购企业和企业债权人都会选择最大化自身利益的行动方案，而不是考虑集体利益，故彼此间的博弈属于非合作博弈。利益相关者之一的股东可以随时查阅公司的相关资料，可以随时觉察到公司的动态，所以他们享有充分的知情权，而债权人在现有制度安排下几乎无及时充分了解企业信息的完善渠道，虽然《公司法》中规定，在企业并购中，债权人享有知情权，但明显该知情权是有瑕疵的，因为它几乎只仅限于知道企业合并事实和享有异议权。由于主并购企业债权人对于并购目标企业缺乏充分的信息，因此，他们对于企业的并购决策不能起到丝毫的作用。目标企业债权人缺乏对主并购企业以及并购方案的充分信息，更谈不上对并购之后的企业整合及发展计划的充分信息，因而，目标企业债权人也无法参与到企业的并购决策之中来。

企业债权人处于弱势地位的另一个原因是债权人在整个并购活动中无决策权。公司股东是公司的所有者和内部管理者，他们可以参加公司股东大会并拥有投票权，可以参加公司的决策，在公司中拥有相当重要的地位。而公司债权人只拥有通过对公司债务融资而形成的要求对方按时偿还本金和给付利息的付请求权。我国《公司法》规定，在公司并购期间，股东可行使表决权赞成或反对企业并购行为，而债权人对于企业的并购无任何表决权。另外，从法律规定中，我们不难发现，即使是债权人对并购有了充分的信息，他们所能做的只能是向企业提出对于其债权利益处置的异议，或者是要求清偿债务，或者要求提供担保。也就是说，企业债权人对于企业的并购决策是几乎没有参与决策权的，只能是被动地接受企业的并购决策。

第三节　企业并购中的债权人保护

一、债权人利益保护原则

为了更好地在企业并购过程中保护债权人利益，我们认为，应对制度的制订给予宏观的指导。

一是适度保护原则。由前面分析所知，债权人利益在企业并购过程中有受损的可能，但是其在此过程中又处于弱势地位无法自保，故债权人利益理应受到保护。从某种程度上说，并购后的企业获取更多的经济资源，占领更多的市场份额，实现优势互补，显然增强了其偿债能力，对债权人利益的实现是有很多帮助的。如果对公司并购中债权人提供过度的保护，就会无形中提高了公司并购的门槛，增加了并购的烦琐程序，使本应具备并购资格的公司面对近乎苛刻的并购条件和并购成本而对并购望而却步，效果会适得其反。二是诚实信用原则。企业的并购过程中，或改变控制权或改变资本结构等会引起企业发生重大改变，对债权人利益也产生了重大影响，债权人必须知道这一情况，并购企业负有让债权人知道的义务。唯有如此，即使将来并购企业和债权人之间有债权债务纠纷，也便于处理和协调。三是公平效率原则。企业把它所涉及的契约各方股东、经营者、债权人、企业职工等绑定在一起，企业并购决策不仅要反映股东和经营者的利益诉求，又要反映其他利益相关者的利益愿望，唯有公平才能使利益各方达到共赢。但是企业并购本身程序烦琐，成本很高，所以在注重债权人公正平等享受权利的同时尽量提高企业并购效率，这样，债权人利益也能得到更有效的保障。

二、债权人利益保护的制度设计

在公司并购中，债权人保护制度设计主要体现在对企业并购的知情权、对企业并购行为表示反对的异议权以及债权受损的救济请求权利三个方面。

（一）知情权

我国《公司法》规定，公司自合并事实成立起就要尽快告知债权人[①]。知情权是债权人在企业并购过程中最重要的权利，但实践中却存在明显缺陷。

第一，没有明确公告报纸级别。《公司法》仅规定企业并购时应在报纸上公告通知债权人，在具体操作中，公司并不清楚自己应在什么级别的报纸上公告这样这一信息。在国家级别的报纸上和在地方级别的报纸上公告企业并购信息，对债权人的影响是不一样的，直接影响了债权人能否知道又能否及时知道企业并购这个事实。所以我国应通过立法来确定报纸级别。一方面考虑到地方报纸的影响范围远不及国家级或省级报纸；另一方面随着跨地域并购活动的增多，故公告报纸的级别应定位为国家级或省级报刊。另外，考虑到在目前社会，人们获取信息的方式已发生巨大改变，通过阅读报纸来获取信息已经严重落伍。因此，除了在报纸上外，也应通过网络媒介工具进行企业并购公告。

第二，未明确公告内容。我国法律只规定公司在并购时有通知债权人知晓的义务，却没有规定公司要告诉债权人什么具体内容，仅仅告诉债权人公司要开展并购活动是远远不够的。这就直接导致了许多公司心领神会地只公告“并购”事实，其他内容如可能采取的措施

① 详见《公司法》第九章第一百七十三条规定。

等只字不提。应该说，公告的目的绝对不是只让债权人知晓并购这一事实，实际上更重要的目的应该是让债权人及时了解公司更多的具体情况，以能更好地判断公司清偿能力，这样，债权人才能做出有利于自己的决策。因此，公告内容应同时包括公司债权人能获取资产负债表等有利于其作出正确判断的重要资料的获取途径，便于债权人及时地查阅。

（二）异议权

债权人异议权是企业并购中债权人实现利益自保的另一个重要权利。下面，笔者主要就其适用范围和异议期两个内容进行讨论。

1. 异议权适用范围

在企业并购中，主并购企业债权人和目标企业债权人都受到不同程度的损害，是否双方都享有异议权，我国《公司法》规定中没有做出详细的说明。国外通行的做法有两种：一种是以德国为代表的做法，另一种是以意大利为代表的做法。前者认为，目标公司债权人所遭受的利益损失更严重，因此其应该将享有异议权；而后者认为，目标公司债权人和主并购公司债权人的利益在公司并购中都遭受的损害，无非在受损程度的高低、金额大小上有区别，从法律公平正义的角度来看，法律应给予他们平等的待遇，因此，双方公司债权人都应该享有异议权。笔者认为我国应采用第二种做法，即，债权人异议权既要适用于目标公司债权人也要适用于主并购公司债权人。前面已述，不同企业间资源的整合是非常困难的，有时非但不能发挥出并购的正向协同效应，反而使并购负向效应无限地凸现，双方企业所遭遇的风险将是空前的。而参与并购公司的现有资产是债权人利益得以实现的根本保证，并购行为有可能会导致双方公司资产价值的降低，无论是目标公司债权人还是主并购公司债权人都存在着利益受损危险，故应平等给予异议权。

2. 异议期

我国台湾地区颁布的关于公司的规定中明确规定，当公司并购时，公司债权人可在规定的期限内向并购公司提出异议，并规定异议期应不少于30天。日本也规定了债权人享有异议权的期限，不得少于1个月。从世界范围看，规定公司债权人享有异议权期限的还有德国、意大利等一些国家，虽然它们都规定了异议期，但异议期的长短并不相同。德国赋予债权人行使的异议权的期限比较长，异议期长达6个月。意大利民法中也明确规定，合并决议做出后各公司必须做出债权人可以在一定期限内（公告后2个月内）提出异议的公告，即异议期为2个月。很明显，多数国家（地区）为保证债权人保护制度更有效地得以执行，实践中更容易操作，都为债权人异议权的行使设置一个明确的异议期。而我国现行《公司法》中并没有明确规定债权人的异议期，而仅仅是这样规定的："债权人自接到通知书之日起30日内，未接到通知书的自公告之日起45日内，可以要求公司清偿债务或者提供相应的担保"①。这实际上并不能推定其为异议期，即使我们认为其就是对异议期的规定，但不同的两个期限意味着在法律执行过程中存在明显的问题，如何举证债权人事先已接到过通知书？这是一个有相当难度的问题。通过以上分析我们还发现，欧洲国家设置的异议期明显比亚洲的长，同时考虑到欧洲国家在债权人保护方面相对亚洲国家普遍做得较好，在此，我们完全可以借鉴欧洲国家关于债权人异议期的设定，当然我们还要考虑我们所处的东亚的经济环境，所以笔者建议可以考虑赋予我国债权人自合并公告后2个月内行使异议权。

（三）救济请求权

1. 债权人派生诉讼制度设计

我国很多人对债权人派生诉讼这一制度还不熟悉，它主要在西方发达国家使用，在世界范围内启用债权人派生诉讼制度的国家也不

① 详见《公司法》第九章第一百七十七条规定。

多，其思想来源于股东派生诉讼制度的启发，可以为债权人提高更充分有力的保护。股东派生诉讼制度是股东发现企业内部人（或外部人）有损害企业利益的不当行为而监督人员不作为时，为维护企业整体利益所提的诉讼，债权人派生诉讼制度是债权人发现企业利益受损而企业不作为时，由债权人提出诉讼的一种制度。两者都是通过维护企业利益而维护各自相应主体的集体利益。因此，在企业并购发生时，若债权人发现利益受损，其是有权派生诉讼的。

第一，我们可以仿照股东派生诉讼制度，为企业债权人派生诉讼制度设置一个前置程序，其好处就是一方面进一步证实了监事（或监事会）的不作为行为，另一方面能有效阻止债权人随意使用该权利。企业债权人若发现公司利益正受到侵害应先提请监事（或监事会）向法院诉讼，在监事（或监事会）不作为（不向法院诉讼或不答复债权人）后，有权以企业名义直接向法院诉讼。

第二，派生诉讼针对的不是直接危害债权人利益的行为，而是通过危害公司利益而间接危害债权人利益的行为。

第三，如果派生诉讼最终是由公司债权人直接提起的，那么举证原则就最好不要采用“谁主张，谁举证”原则。因为，公司债权人并不参与企业日常经营活动，无法掌握企业的真实情况，举证面临极大的挑战。在这种情况下，如果坚持由债权人举证，就相当于把债权人推出派生诉讼的门外，债权人派生诉讼制度就无法起到实质性的作用。所以笔者建议应由掌握企业详细情况的高管等对无侵害企业利益行为举证。

2. 明确债权人损害赔偿请求权

当债权人无法依据自身实力进行利益保护时，公力救济就应该为债权人提供帮助。我国《公司法》规定：“公司在合并、分立、减少注册资金或者进行清算时，不依照本法规定通知或者公告债权人的，由公司登记机关责令改正，对公司处以 1 万元以上 10 万元以下的罚款。”[1] 这并非给予债权人的公力救济，如果并购公司没有公告通知公司债权人，同时债权人也确实遭受到巨大的损失，但处罚公司已没有多大实质性意义。对公司处罚的 1 万元以上 10 万元以下的罚款甚至远远低于每年需要支付给公司债权人的利息，更何况此罚款可能最终归于政府的腰包，并不一定归债权人所有。所以笔者以为，我国相关法律并未给予公司并购中受损的债权人公力救济。因此笔者建议，我国应在《公司法》中增设一条款，以单独详细地规定在公司并购中应如何对债权人遭受的损失开展有效的具有操作性的救济措施。

① 详见《公司法》第二百零五条规定。

信息不对称下的
企业债权人
保护研究

Chapter 6

第六章　企业债权人保护机制研究

债权人保护是一个跨学科的系统性课题，我国相关法律业已提供了一些债权人保护机制，如担保机制、信息披露机制、揭开公司面纱机制以及破产法中的有关制度等。但我国债权人保护机制仍存在很多问题，本书无意对所有债权人保护机制进行研究，考虑到立法和执法是债权人保护的制度关键，信息不对称是影响债权人利益最主要的因素，因此，本章主要就法治问题和强制性信息披露问题提出自己的浅见。

第一节 企业债权人保护与法治环境

通过前几章的研究发现，债权人通过对融资企业的筛选、对经营企业的机会主义的控制、对破产企业的重整或清算的选择等，可以在一定程度上强化自我保护功能。但这些对债权人利益保护还远远不够，要想达到对债权人利益的更有效保护，就必须建立一个能有效杜绝违法行为、加强违法经济救济的法律体系。在企业运营过程中，确认企业是否按照契约规定履行责任是很难的事情，就算能够确认，债权人为此付出的成本也一定相当高，即在私人契约无法保证债权人利益完全免遭侵害时，就需要有具体法律保护制度维护投资者权益，而法律“保险功能”就可以为债权人提供最终的救济。当法律“保险功能”能取得很好的效果时，债权人不必付出很多的努力保护自己的利益。以保护债权人利益为目的法律体系为债权人保护提供保障基础仅是其基本要义，积极支持债权人保护合法权益才更能显示其价值。在一个更好的法律环境下，当有侵犯债权人利益行为的发生时，法律体系的规则能积极支持和帮助债权人。

在 20 世纪 90 年代后期，随着世界经济的不断发展，公司治理也越来越适应不了经济发展对其的要求，世界范围的公司治理运动拉开了空前发展的序幕。公司治理中的一项很重要的内容就是对投资者利益的保护，因此以《公司法》《破产法》《证券法》等法律制度为主的投资者保护法也得到了极大的完善。目前，我国经过20多年的发展和完善，在债权人保护法律制度建设方面取得了巨大的进步，规范了契约各方的行为，减少了政府干预，形成了对债权人权益的立体保护。其中，《公司法》《证券法》和《破产法》3部法律已成为债权人利益保护的法律体系核心。

一个国家的法治环境是否良好，实际上就要看其是否同时具备以下三个方面条件：是否有健全的法律制度；该国的国民是否普遍接纳并能够自觉遵守法律；是否有一个不错的运行系统保证国家执法部门有很强的法律执行力。国民是否普遍自觉遵守法律并不在我们的讨论范围内，法制的健全与否和法律的执行（即立法和执法）两个方面才是从根本上影响我国债权人利益保护，因此，笔者主要就立法和执法这两个方面进行探讨。

一、我国债权人保护法治现状

（一）我国立法情况

1.《公司法》和债权人保护

不管是什么类型的公司在组建和运营过程中都会产生一些相同的事务，如公司的注册、组织机构的设置、董事与高管人员权利和责任的规定、公司的终止经营等。国家通过制订《公司法》来规定这些内容，可以大大减少公司处理这些事务的交易成本，同时也体现国家这个机构履行应有的提高公共产品供给的责任，当然也符合效率原理。

为适应经济发展的需求，我国于1993年12月29日正式出台第一部具有实质意义的《公司法》，并要求于1994年7月1日起正式实施。该部《公司法》总体上讲只是对公司内各方面做了一个宏观性的制度安排，还有很多细枝末节的问题没有很好处理。债权人将自己的资产投入公司，那么作为负责公司营运的管理层应负有积极处置这一部分资产的信托义务，但《公司法》显然未就这一义务作出规定，也没有规定管理层必须将企业所有信息披露给债权人，那么当债务融资时，由于信息的不对称，潜在的债权人很难对贷款作出客观评估；该《公司法》也没有规定控股股东应该对债权人承担信托义务，因而在公司经营决策中要求控股股东积极维护债权人利益就不是那么现实。虽然内容里明文规定“保护公司、股东和债权人的合法权益”①。但《公司法》一直从资本制度方面来设计以实现对债权人利益的保护，而资本制度主要是为公司筹措资金，满足股东的需要，因而它立下了一个“在保护公司、股东利益的前提下兼顾债权人利益”的基调。所以第一部《公司法》在承担债权人保护功能上是有瑕疵的。

我国于2005年10月修订并于2006年1月1日正式实施新《公司法》。新《公司法》在放松管制、加强自治的新理念下，确立了很多保障投资者利益的具体措施，如禁止关联交易、控股股东如因关联关系造成损失要赔偿；在公司清算程序结束之前，就算是某些原因致使公司丧失法人资格，公司仍是一个法律实体，当债权人为维护他们的利益起诉该公司时，法院必须依法受理；如果公司注销或被吊销，只要公司有剩余的财产，即使被股东拿走了，还可以再告股东。但是新《公司法》也对债权人利益造成了一定的负面影响，如虽然为保护债权安全，规定股东不得随意抽走投入的资本金，公司在合并、分立、减少注册资本金等有可能损害债权人利益的事务中应根据法律程序告知债权人，并有保证会计资料的真实、完整的义务，但是债权人受损时的救济问题并没有得到很好解决；虽然引入揭开公司面纱制度，公司股东故意滥用公司法人独立地位和股东有限责任，逃避债务，严重损害公司债权人利益的，应当对公司债务承担连带责任②，

① 《公司法》第一章总则的第一条就开门见山地提出这一要求。

② 详见《公司法》第一章总则的第二十条规定。

但是在实践中难以操作，债权人举证会非常困难。因此，2006 年实施的新《公司法》虽然是促进了公司的效率与自由，但同时也扩大了债权人的风险。

我国 2014 年 1 月 1 日正式实施的最新修订的《公司法》在很多方面都加以了改进，在债权人保护方面也尝试了创新。例如，确立了企业年度报告公示制度，公司债权人能够充分利用这个平台，查询公司的相关信息，以确定下一步决策，这无疑是公司债权人利益的一种可靠保障。建立完善信用约束机制，增加不诚信的法律责任，提高不诚信成本，无疑有利于杜绝企业违法行为的发生，从而在一定程度上保护了债权人利益。但是，仍然有未尽如人意的地方。如验资程序的废止导致注册资本虚高的问题出现，不利于公司债权人客观判断公司实力，导致交易风险上升；公司设立门槛降低，有可能造成“空壳公司”的存在，加大了公司债权人利益受损的可能性；公司人格否认制度法律规定仍过于简单。这些说明，《公司法》在债权人利益保护方面尚须进一步改进。

2.《破产法》与债权人保护

《破产法》是一部规范企业破产中行为、旨在保护债权人利益的法律。企业破产机制也属于广义公司治理范畴的一部分，企业破产会使公司所有权和控制权发生改变，这也直接导致了公司治理中各利益主体之间关系发生了重大变化，债权人占据了主导地位。所以从理论上讲破产是债权人从被动转为主动、维护自身利益的一种手段。但是我国的破产问题比较严重，很多企业“亏而不破”，上市公司中经营绩效差、债务到期不偿还的情形极为普遍。

我国《破产法》是在 1986 年颁布的，2007 年 6 月开始正式实施新修订的《破产法》，这时才从根本上把上市公司纳入《破产法》的范围。但是，新《破产法》仍然存在着很多问题。债权人对企业逃债的行为缺乏有力的防范与制约手段，对恶意讨债、贷款欺诈的企业没有充分授予债权人的制度设计。例如，我国对企业破产条件有硬性规定，企业经营绩效差、处于亏损状态且到期债务无法偿还时才能破产，这与国外的有关规定是不一样的，国外的破产规定只要达到企业无法偿还到期债务条件时就能够破产；在实际操作中对经营管理不善和亏损也很难界定，上市公司差的业绩往往都被虚假的财务手段掩盖起来。在证券公司破产过程中，债权人的利益也无法有效地保护，一方面是债权人根据现有政策启动证券公司破产程序的难度极高；另一方面就算进入了破产程序，但随后的清算工作拖延的时间太长，又很难进入司法破产程序。尽管我国发展近30年的资本市场机制日渐成熟，建立于2001年的上市公司退市机制也走过了十几年的春秋，但其在我国从未真正有效地执行，据有关媒体披露，2001～2016年共15年这么长期间由于业绩差而退市的只有33家，这无疑是一个很低的退市比率，它几乎使我国企业上市就像走进了一条只进不出的“单行道”，无疑助长公司的机会主义行为，非常不利于债权人保护。

3.《证券法》和债权人保护

为保证我国证券市场的健康运行而制订的《证券法》是证券市场上所有参入者都必须遵守的行为准则。《证券法》里规定的很多如企业并购、信息披露等内容是与公司治理紧密联系的，显然也和债权人利益紧密相关。但需要注意的是，《证券法》里涉及股东的单独条款远远多于涉及债权人的单独条款，说明证券法所保护的投资者并不是以债权人为主，而是以股东为主的，尤其是中小股东利益的保护。在我国，由于与《证券法》有一定联动效应的《公司法》也一直没有对民事责任的归责原则作出明确规定，那么信息披露导致的民事诉讼在实践中很难操作，制约内部控制人非法行为也变得艰难。

《证券法》是1999年7月1日开始实施的。《证券法》制定时，我国由计划经济体制转向市场经济体制还没有几年，可以说我国各方面与市场经济有关的配套制度尚不健全，同时1997年的亚洲金融危机也开始对中国产生巨大的压力。在这种经济环境下诞生的证券法体现了谨慎性，在证券发行和交易有关条款设计上给予了很多限制以防止各种风险的发生，对中小股东和债权人的保护作用都非常明显。时至今日，我国市场经济的日渐成熟，为防止风险发生而设计过多限制性条款的安排已阻碍到社会经济的发展，于是在 2006 年 1 月 1 日颁布并实施了新修订的《证券法》。其立法思想体现在用行政化禁令控制风险，纵观整部《证券法》，我们发现涉及债权人保护的条文非常笼统，在实践中难以执行。没有直接的基于控制股东侵占债权人利益的条款，也无有助于债权人自我救济的有效措施。我国 2013 年和 2014 年连续两年对《证券法》做了修改，但改动很小，对债权人保护方面影响并不大。

4. 我国立法的评价

Allen 等（2005）沿用 LLSV 的研究范式研究测量了中国法律制度，并把其检测结果与其研究的 49 个国家情况进行了比较。总体来看（见表 6.1）[①]，中国的债权人保护力度[②]比英国法系国家整体情况弱，但又比法国法系国家整体情况强。但是如果把法国法系中一些分数极高国家和一些分数极低（我们可以把这两种类型的国家称为“异常”国家）排除掉，我们发现差不多有一半的法国法系国家比中国的情况好，有着更好的（至少是等同的）债权人保护措施。从而有力地证明了 LLSV 样本国家中大部分比中国对债权人的保护更有力。

上述结果表明我国的债权人保护程度还比较低。但也有学者提出这未必是我国目前债权人保护的真实情景，他们认为，对于法律制度不断发生变革的转轨经济国家来说，仅仅使用一部《破产法》来度量并不合适。虽然《破产法》为债权人参与公司治理作出了制度安排，但这种制度安排实际上只是一种消极的事后补偿救济机制，并不能完全起到保护债权人利益的作用。更何况，Allen 研究结论已过去

① 和后面的表 6.3 和表 6.4 具有相同的资料来源：Allen，Qian and Qian（2005），“Law，finance，and economic growth in China”，Journal of Financial Economics 77：57 - 116.

② 主要源于对中国 2000 年版《破产法》的测算。

十几年，我国的法治建设也不断取得新的突破，《破产法》《公司法》和《证券法》这些年也在不断地修订，而且除了《破产法》《公司法》和《证券法》外，我国还有很多法律和规章制度对债权人利益起到事前、事中和事后的保护。但是，我国仍然还存在诸如中小企业贷款很难、企业普遍以短期融资为主、"跑跑"企业还很多等现象。这些现象告诉我们，我国当前的法律制度仍没有形成稳定的规则和预期，不确定性因素还有很多。同时企业利用各种方式逃废债务的现象仍屡屡发生，说明当前的法律在约束债务人的侵占行为上仍存在较大的局限性，债权人保护仍然处在较低的水平。

表 6.1　　　　债权人权利比较：中国和 LLSV 国家

国家	进入重组后能否获取抵押物	有抵押债权是否有优先权	债权人限制重组权利	管理者不能金融重组程序	债权人权利总分	法定偿债准备金与资本金的比例
英国法系平均	0.72	0.89	0.72	0.78	3.11（78%）	0.01
法国法系平均	0.26	0.65	0.42	0.26	1.58（53%）	0.21
德国法系平均	0.67	1.00	0.33	0.33	2.33（83%）	0.41
斯堪的纳维亚法系平均	0.25	1.00	0.75	0.00	2.00（75%）	0.16
LLSV 样本平均	0.49	0.81	0.55	0.45	2.30（68%）	0.15
中国	0	0	1	1	2	0

注：债权人权利总分等于前面 1 ~4 项权利总和，其中 1 表示法律中有此项债权人保护条款，否则为 0，括号中的数值表示子样本国家的测量值高于或等于 2（中国样本的总测量值）的百分比。

（二）我国执法情况

从我国提出依法治国理念，到把“依法治国，建设社会主义国家”写入《宪法》，我国法治建设取得了重大进步，其中，执法这一环节是必不可少的，通过有效执法，才能使法律得到更好的贯彻，从而达到立法所追求的目的，也才能更好地发挥法律的价值。

LLSV（1998）选取了司法体制效率、法律规则、腐败、侵占风险、政府毁约风险、会计标准六个方面来构建测算一个国家执法效率的指标体系（见表6.2）。

表6.2　执法效率体系指标

指标	解释说明
司法体系效率	来源于 Business International Corp.，反映各国法律环境的效率和完善性。采用1980～1983年的数据平均值衡量，数值区间为0～10，得分越低，司法体系效率越低
法律规则	来源于 Inernational Countrry Risk Guide，反映对各国法律和秩序传统的评价。采用1982～1995年4月和10月月度指标的均值衡量，数值区间为0～6，得分越低，法律规则受到的传统影响越小
腐败	来源于 Inernational Countrry Risk Guide，反映各国政府官员的腐败程度。采用1982～1995年4月和10月月度指标的均值衡量，数值区间为0～6，得分越低，风险越大
侵占风险	来源于 Inernational Countrry Risk Guide，反映各国企业财产被征用或被国有化的风险。采用1982～1995年4月和10月月度指标的均值衡量，数值区间为0～10，得分越低，风险越大
政府毁约风险	来源于 Inernational Countrry Risk Guide，反映各国政府通过毁约、延援等形式修改合同的风险。采用1982～1995年4月和10月月度指标的均值衡量，数值区间为0～10，得分越低，风险越大
会计标准	来源于 International Accounting and Auditing Trends，Center for International Financial Analysis and Research，涉及7个大类的90个新增或删改的项目。每个国家至少选取3个公司，工业企业占70%，金融企业占30%

资料来源：LLSV，Law and finance，The Journal of Political Economy，1998，106（6）：1113－1155.

延循 LLSV 范式，Allen（2005）研究表明，不考虑不同国家的法律渊源，关于中国执法的测量值比 LLSV 样本国家明显要低（见表 6.3）。他们也对中国的法律体制和其他主要新兴市场国家的法律体制进行比较（见表 6.4）。法律执行的两个范畴主要包括法治和腐败，中国的腐败指数是 7 个发展中国家中最差的，虽然它的反董事权利指数（债权人权利）比印度和墨西哥高。由此可见，中国的法律体制发展并不比任何其他主要的新兴市场国家（如印度、巴基斯坦和南非）超前，并且明显比那些英国法系的国家落后。

表 6.3　　法律实施的比较

国家	国家司法体系的效率	法律法规	腐败	侵占风险	债务拒付风险	会计标准等级
英国法系平均	8.15	6.46	7.06	7.91	7.41	69.62
法国法系平均	6.56	6.05	5.84	7.46	6.84	51.17
德国法系平均	8.54	8.68	8.03	9.45	9.47	62.67
斯堪的纳维亚法系平均	10	10	10	9.66	9.44	74
LLSV 样本平均	7.67	6.85	6.9	8.05	7.58	60.93
中国	N. A	5	2	N. A	N. A	N. A

注：中国—国际国家风险（等级代理）；LLSV 国家—LLSV（1998）。

表 6.4　　法律体系比较：中国和其他主要新兴市场国家

国家	国家司法体系的效率	法规	腐败	债权人权利	会计标准
中国	N. A	5	2	2	N. A
印度	8	4.17	4.58	4	57
巴基斯坦	5	3.03	2.98	4	N. A
南非	6	4.42	8.92	4	70
阿根廷	6	5.35	6.02	1	45
巴西	5.75	6.32	6.32	2	54
墨西哥	6	5.35	4.77	0	60

注：中国—国际国家风险（等级代理）；其他所有国家—LLSV 来源；“E”（“F”）代表法律渊源是英国普通法系（法国民法体系）。

我国学者王海霞（2010）综合考查了《公司法》等多部法律后，动态地描述了1999～2006年我国债权人法律保护中执法状况趋势。在其描述图中，我国1999～2006年执法水平赋值处在一个非常扁平区间（0，5）中，呈非常缓慢向上的趋势。很显然，王海霞（2010）的研究表明，尽管我国执法水平呈现出上升的态势，但我国执法水平的改善非常缓慢，其改善甚至可以忽略不计。

《全球治理指标报告》于20世纪90年代推出，成为全球决策者和民间团体衡量政府施政水平的一个重要依据。世界银行全球治理指标（Worldwide Governance Indicators）[①] 中的法治（Rule of Law）指标衡量了包括政府对私人部门发展的态度、投资者对合同执行质量、法院等的评价以及政府对腐败的控制等，其指标值从 -2.5 到 +2.5，值越大表示评价越高。在最新的2016年的《全球治理指标报告》中，我国在214个国家中，这一指标处于第25～第50的等级分位中（该指标共分六个等级分位，分别是0～10、10～25、25～50、50～75、75～90、90～100）。我国在2006～2015年的平均得分仅为 -0.387，而同期的美国为1.195，印度为 -0.006，显然我国远低于美国，同时还低于同期的印度。3个国家2006～2015年执法质量上的对比见图6.1[②]。从国家间的横向比较来看，无论是我国的债权人法律保护还是执法效率，都处于较低的水平；从一国内的纵向演变来看，执法水平与一国的文化、政治和历史等多方面有关，制度所特有的路径依赖特征在这方面有着更为显著的体现，执法水平的提高将是一个漫长的变革过程。实际上，就算是与文化、历史相近的东亚国家韩国和日本比较，也相差几个等级分位（韩国和日本一直处在75～90的等级分位中）。

---

① 它是一个研究总结一个国家（地区）治理质量的数据库。

② 从The Worldwide Governance Indicators 中整理所得，http：//info. worldbank. org/governance/ wgi /index . aspx#home，具体数据详见附录1。

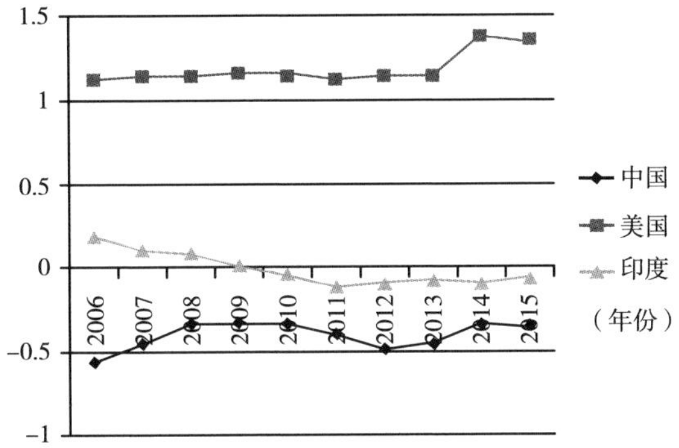

图 6.1　中国、美国、印度的执法水平指数

二、基于债权人保护的法治状况改善

（一）立法

债权人利益保护首先在于国家有一系统完备的法律制度，虽然我国颁布了大量的债权人保护制度，而且无论法律的数量还是质量，在债权人保护方面已取得前所未有的进步，但我国债权人保护制度仍需要在以下方面做出改善。

1. 完善债务企业的信息披露制度

上市公司如“琼民源”“郑百文”“银广夏”以及“绿大地”等在财务信息上弄虚作假，无论是对股东还是对债权人都造成了难以弥补的重大损失，这类屡禁不止的事件暴露了信息披露制度存在问题。而且，现有的信息披露制度主要是针对上市公司的，众多的非上市公司信息披露制度则存在明显的“真空”。我国法律还没有详细规定债务企业对债权人承担信息披露的具体义务，债权人对这类企业相关信息的了解更是非常有限，因而更容易导致债务企业的代理问题。

2. 完善社会信用制度

社会信用制度的缺失增大了债权人的信用风险。一般来讲，信用制度应是一个涵盖信用收集、资信评级、失信披露以及失信惩治等多个环节的制度安排，并且需要设置不同内容的信用制度以满足不同的需要，绝不应该把不同信用主体混在一起。我国目前还没有一部专门的法律对这些内容进行规范，也没有专门的信用管理部门实施监管，对信用的采集主要依靠中国人民银行进行，但采集的对象又主要限于与银行有信贷关系的企业和个人，失信惩治也未能对失信者构成足够的威胁。同时在司法实践中，债权人为了取得债权，诉讼、追索的成本很高，但受偿率却很低，当债权人利益得不到有效保护时，实际上形成了对违约者利益的反向维护，导致许多的违约失信行为发生。

3. 完善公司法法律制度的债权保护

在债权产生前，要建立出资催缴程序，强化股东之间的出资担保责任义务。股东在出资时，不仅要对自己的出资行为负责，而且要对其他股东出资行为负责，如果其他股东在出资时有虚假出资行为，那么该股东负有连带认缴责任。在债权存续期，明确公司高管责任，保障公司资产安全。法律上要强化负责公司营运的高管应负有积极处置债权人资产的信托义务，强调高管一些非法行为的法律责任，如利润的非法分配、利用公司法人资格独立侵占公司利益等。事后救济债权人的路径可以通过完善揭开公司面纱制度和完善司法权对公司债权人的司法救济来进行，关键是使其具有操作性，达到保障公司利益的目的。

4. 完善破产法法律制度的债权保护

《公司法》和《证券法》的立法出发点更多的是保护股东利益，保护债权人利益只是其副产品，《破产法》虽然提到是对破产企业的整体利益进行保护，但其根本的出发点就是实现债权人利益最大化，最大限度地保护债权人利益，因此完善破产法律制度才是完善保护债权人利益制度的要义。新修订的《破产法》对债权人的保护已取得相当大的突破，但最终的实践效果还需要进一步的考察。从目前来看依然有两个方面的问题不容忽视：一方面，债权银行缺乏破产申请的主动性。企业的破产必定清晰明确地界定了银行实际遭受的信贷资产损失，考虑到我国企业破产情况下债权获取的清偿率通常极低的现实，银行资产总量会受到直接的、极大的冲击，呆账的核销会反映到银行的经营成果中去，对经营者的业绩考核结果也产生了直接影响，因此债权银行常常不会主动行使对债务人的破产申请权利。另一方面，启用破产手段并不会威慑到企业的经营者，特别是国有企业的经营者。由于公司所有者并未参与到企业经营中去，也缺乏有效的监督经营者的机制，同时我国经理人市场机制也不完善，经营者的经营缺乏足够的激励，对企业破产与否也缺乏足够的压力。特别是国有企业，经营者一般都具有政府背景的，经营者的职位往往不是由市场力量支配的，而是存在由政府支配。不仅如此，一些企业甚至在地方政府的支持下，反而将破产作为逃废债务的手段。

（二）执法

与《证券法》《公司法》和《破产法》3 部法律相对应的执法主体主要是司法和证监部门，笔者主要从提高司法效率和证券监管部门的监管水平来探讨如何提高执法能力。

1. 司法效率的提高

（1）提高法官信誉。

实践中，法官素质蕴含着法官独立的价值判断。法官价值判断取向的正确与否，直接影响债权人等对法官的直观外在感觉，即法官信誉。因此，法官信誉为法官能力的根本。而法官信誉的培养重在培养法官对法律崇尚的信念，当一个法官视法律为牟取自身利益的工具、视法律为提高自身社会地位的帮手、视法律为拉拢关系的绳索甚至视法律为维护自身非法利益的保护伞时，法官信誉何在？司法又将以何为信？实现司法公正，是法官的使命；提高法官素质，是司法改革的基石。

（2）提高法官业务能力。

法官与律师之间存在着太多的相似与不同，对法律的敬仰、对问题的深思、对规则的熟知均为法官与律师的相似之处。法官与律师相互之间太过熟悉了，因而对于他们各自或者相互关系，彼此无须多说些什么了。然而，前述的相似境况并非都存在于每个国家的司法体系之内。法官对于法律规则的无知、对案件分析的混乱、对律师的漠视也作为一种常态已经为我们所察觉。引起我们注意的是，实践中法官与律师最大的不同在于两者对法律业务的熟练。相比于许多在实践中滚爬多年的律师而言，法官显然已经在业务能力方面落后了。业务能力可称为法官生存之本，其相似于渔夫手中的钓竿、教师手中的笔。我们很难设想一个没有工具的原始人如何进化，也很难猜想一个没有电脑的现代人如何融入世界之中。法官在对法律业务不十分精通的情况下对公司纠纷的解读难以让利益人所信服，也难以维护司法的公正。法官在对法律业务不精通的情况下对公司纠纷的解读无疑是对法律的曲解、对相关利益者的伤害、对司法的最大讽刺。

（3）提高独立性。

在实施司法权的过程中，不可避免地遇到行政权的干预，法院判决结果往往与行政管理制度存在某些冲突。虽然，行政权与公司法之间有明显的边界，但是边界的争议仍然存在，这种争议在一个司法信用较低的环境下必将加剧利益的冲突与不协调。

针对司法低效的应对对策，除以上之外，我们还可以集中于以下几个方面：其一，加大对司法部门的财政预算，以便为法官及相关司法工作者提供较为有竞争力的待遇，刺激法官提高办案效率；其二，明晰司法系统工作人员的责任，增加法官违法成本。

2. 证监部门监管能力的提高

（1）提高独立性。

中国证券监督委员会（以下简称“证监会”）是证券市场的主要监管者，属于国家的行政机关，正因为存在这样的背景，所以其常常被指责在监管过程中缺乏足够的独立性，这直接影响到其在市场各方参与人心目中的威信，最终会影响到监管机构的监管效果。陈冬华等

(2010) 研究提出，证监会在市场监管过程中存在选择执法行为，其在惩罚公司时会重点关注公司背景，如果是同一违法行为，国有企业与非国有企业相比，将受到更轻的处罚。章铁生等（2016）以IPO为例也对证监会的选择性执法进行了考察，发现证监会在实践中会根据不同情况对执法行为进行不同程度的调整。由此可以看出，证监会的监管执法存在着缺乏独立性的问题，而这会造成证券监管的无效性。

（2）提高威慑力。

应该说，监管机构通过对有扰乱市场秩序的违规行为进行行政处罚，能够对市场现有的参与者形成威慑力，从而在一定程度上减少潜在的损害投资者利益的违规行为的产生，也最终达到保护投资者利益的目的。但是，如果行政处罚的力度不够强，就不可能产生足够的震慑力，市场参与者就不会对法律法规足够敬畏，也就难以正常发挥对投资者的保护作用，我国现有的证券监管是否具有足够的威慑力？我们不妨回顾一下我国证券市场发展情况。中国上市公司于2000年扩容到1000家出头，经不断发展于2010年扩容到近2100家，到如今已发展到3100多家。据统计发现，2000年以前长达10年间违规处罚事件只有31起，而在接下来的10年间已激增至429起。上市公司的数目扩容速度显然滞后于违规处罚数目的增加速度。因此可以推断，我国证券监管并没有起到足够的震慑教育力度，显然不利于投资者利益的维护。

我们知道，控股股东或管理层是理性的行为主体，他们采取任何行动之前一定会权衡侵占收益和侵占成本的大小，只有惩罚所带来的侵占成本大于侵占收益时才能有效约束他们的非法行为。但现实并不理想，对各种侵害公众投资者利益行为的处罚往往被设置了一个上限。根据最新的有关法律法规的规定，对上市公司有侵犯投资者利益行为的，给予以公司罚款为主的惩罚，罚款额度一般不超过60万元上限；同时认定主要责任人的责任，但给予的罚款额度也规定了一个上限，不超过30万元。笔者认为，我国的证券监管的处罚力度明显偏弱，对企业和主要责任人的约束是非常有限的，往往他们违规所带来的侵占收益远远大于其侵占成本，因此证券监管无法起到应有的震慑作用。

（3）提高及时性。

证券监管能否起到应有的作用往往和监管是否及时有很大的关系，对违规行为的发现越及时，行政惩罚最终落到实处所耗用的时间越短，监管所起到的效果也就越明显。我们可采用立案调查和案件的最终处理所耗用时间长度来衡量证券监管是否及时，从监管者开始实施调查到行为主体被正式处罚可以被定义为一个时间差，这个时间差越小就意味着证券监管的处罚越及时。这个时间差在执法实践中会受到执法者意志和水平、执法程序等多种原因的影响，所以它不可能为0，必定是一个大于0的数值，这个数值大小界定了证券监管及时性，也界定了证券监管的有效性。

白建军等（2006）曾对涉案公司的563个样本进行实证研究发现，我国行政处罚的时间差均值约为606.8天，中位数为498.0天，最大值为3208天。司茹（2013）检查了我国2007～2012年的处罚及时性情况，通过212个样本研究发现行政处罚时间差①平均值为455.4天，中位数为365.0天，最大值为1507.0天。尽管随着我国法治系统的不断完善，后者测量的时间差相对于前者测量的时间差，不管是哪一个指标都显著下降，说明我国证券监管的及时性得到显著的提高。但从司茹的研究结果来看，每一个指标值仍还很高，一般长达一年多，这充分说明我国证券监管处罚仍然不够及时，监管部门的执法效率还是很低的。

---

① 原文称为违规处罚惩处周期，计算公式为：（处罚公告时间－违规行为发生时间）/360，为与白建军所界定的时间差相统一，在其基础上做了改写，并统一根据其提供的计算值乘以360而得来。

第二节　债权人保护与强制信息披露

在现实社会中，股东相对于债权人有更多的公司参与权和决策权，因此股东在公司经营过程中有强烈的机会主义动因实施对债权人的侵占行为，以实现自身利益最大化。但股东对债权人实施这种侵占行为必须具有一个先决条件，那就是信息不对称。为解决信息不对称以保护债权人，就需要提高信息透明度来减少信息不对称的程度，这也是我国信息披露制度的一项重要工作。

一、信息披露制度

信息披露是上市公司依监管部门的规定或自身利益要求，以各种报告形式，向外部信息需求者披露公司信息以及相关信息的行为。国内外大量的研究表明，信息披露质量高的公司能有效降低公司与债权人之间的信息不对称程度，因此就更容易取得债权人的信任，也就能获得更多的债务融资，而且企业的借款成本也较低。信息披露质量高的公司，外部投资者也更好地看好它的发展潜力，也更好地激起其股票价格的上扬，有利于提高企业整体价值，使企业进入了一个良性发展的轨道。反之，信息披露质量差或不信息披露的公司往往会被认为公司经营效果差，也缺乏对投资者应有的诚信，不利于公司未来的发展。另外，证券市场健康有序的运行也离不开完善的信息披露制度，证券市场的信息披露程度越高，市场越透明，市场有效性越好，证券市场就越能够获取可持续发展。

就披露方式来讲，我国存在强制性和自愿性两种信息披露方式。强制性披露是上市公司在我国相关法律法规强制要求下披露公司信息，如果上市公司不按照规定进行披露，就会受到监管机构给予的惩罚。强制性信息披露具有强制性执行特点，对信息的强制性披露就是为防止相关信息使用者对证券投资信息的不公平获取，从而遏制了内幕交易的发生，体现市场交易的公平性。强制性信息的披露内容构成了我国信息披露内容中最基本的部分，满足证券市场的信息最底线的要求，它可以有效地防止市场上内幕交易的发生，有效地保障投资者利益，有利于证券市场健康有序地发展。自愿性披露是在我国法律法规规定之外的，因此，上市公司具有对信息披露的自主选择权，上市公司可以根据自己的需要自愿向外披露信息，其披露的主要是强制性信息之外的信息。上市公司为取得投资者的信任，提升公司诚信形象，回避可能的诉讼风险，或向市场传递公司潜在的投资价值，往往会积极主动把企业内部信息提供给企业以外的信息需求者。因为其不是法律法规强制性要求公司所做的披露，所以自愿性披露的信息内容上没有一个统一的规定，公司自愿性披露的信息是对强制性披露的信息内容一个很好的补充。

这两种方式的信息披露有明显的区别：第一，披露动机有所不同。在法律法规强制要求下所进行的强制性信息披露体现了企业遵守法律[①]的态度，而遵从自己内心的需要所进行的自愿性信息披露体现了企业趋利避害的本能。第二，披露内容有所不同。法律法规要求公司必须披露公司概况、高管简介、基本财务信息等基本信息，这就构成了强制性信息披露的内容，主要披露财务信息，而非财务信息作为有益的补充；自愿性信息披露是基于强制性信息披露而做的有益的补充，这部分内容由公司自己决定，所以表现较为广泛，主要表现为市场风险分析、社会责任等非财务信息。第三，理论基础有所不同。强制性披露主要基于“市场失灵”理论解决“市场失灵”问题，是政府干预市场的一种表现；自愿性披露主要基于信息经济学以解决市场上信息不对称问题，是“理性经济人”自利行为的表现。这两种信

① 此处的法律既包括前面提到的《公司法》和《证券法》，还包括会计规范和审计规范等法律。

息披露方式还具有一定的联系：第一，决策有用。无论是强制披露的信息还是自愿披露的信息都向外部信息使用者传递了对其决策有用的信息。第二，可互补。强制性信息披露制度并不能保证公司披露所有的信息，信息使用者为了做出更有利的决策，会要求公司披露比强制性信息更多的信息。自愿性信息披露可以作为强制性信息披露的补充，弥补信息使用者信息量的不足。第三，可相互转化。在不同的经济时期，信息使用者对信息的披露要求不同，市场监管者对政策制定的认识不同，就会导致同样的信息在不同时期有着不同的披露要求。

二、债权人保护和信息披露方式选择

自愿性信息披露可以在一定程度上解决债权人的信息不对称，从而实现债权人利益保护，具体来说，表现在以下几个方面：（1）在资本市场，债权人准备为企业提供债务融资前，往往会根据对方的财务状况、发展前景等信息决定贷款利率和贷款期限。由于资本市场上信息不对称的客观存在，债权人并不能准确辨别出哪些企业具有良好的财务状况和发展前景。因此，优质企业就会积极主动向债权人传递有关企业未来收益和投资风险，这样既能表现出自己足够的“自信”，又能缓解两者之间的信息不对称，以降低融资成本。（2）不同利益目标的追求决定了债务契约签订后，一旦股东控制了资金，就随时可能选取不利于债权人利益目标的投资政策。基于这些考虑，债权人在事前会通过债务契约的签订来保护自身利益。高质量的信息披露可以很好地对契约的正常执行产生保驾护航的作用，为降低融资成本，企业有主动披露信息给债权人的动力以迎合债权人的需要。（3）良好的信用有利于企业长期在资本市场获取低成本债务融资，因而，它们极为看重自己的声誉。失信违约企业容易使自己声誉恶化，这将会影响到企业新的贷款额度甚至是生存危机。所以企业会主动兑现对债权人的承诺，主动向债权人披露对其决策有用的财务信息。（4）经理人市场的存在严重威胁到企业管理者的生存，对他们产生了经营上的压力，如果他们不选择最大化企业价值和最大化投资者利益的战略，那么他们在企业里的职位就有可能取消。公司价值实现最大化的一个重要途径就是最小化资金成本，充分披露会计信息又是实现资金成本最小化的一个重要手段。所以自愿信息披露成为企业管理者的一个主动选择。

但是，自愿性信息披露具有不利的一面，它可能会导致一些额外成本的产生，主要表现在几个方面的成本上：第一，诉讼成本。关于诉讼成本的发生，我们需要从两个不同的角度加以分析。一方面，如果公司自愿披露了预测性方面的信息，而且又与未来真实事实不一致，那么信息使用者就有可能据此提请诉讼，从而导致企业价值的下降。所以为了此类不必要成本的发生，公司在披露有关未来的预测性信息时通常会比较谨慎。另一方面，在国外，企业在不及时或不充分披露企业有关信息时往往也会遭到投资者诉讼而招致诉讼成本，为避免此类诉讼的产生，自愿披露信息就变成企业的主动行为，诉讼成本在推动企业自愿披露信息方面便发挥了积极的作用。反观我国，诉讼成本在推动企业自愿披露信息方面并未产生积极的作用，而是消极的。这与我国尚未建立完善的法律体系有很大的关系，企业因披露坏消息不够及时或不够充分而招致投资者的诉讼几无可能，故上市公司经过反复思虑后，一般持谨慎态度披露信息，以致自愿性信息披露改革在我国几乎变成监管部门单方面的行为。第二，信息成本。它主要由信息生产成本和信息披露成本两部分构成。信息生成成本的发生贯穿在信息的收集、加工、处理的全过程，其主要包括聘请的会计员工的薪酬成本、工作中的办公用品费用等，这些成本一般是相对固定的。信息披露成本是指企业通过固定的报纸或网站等不同的披露渠道传递信息给企业外部信息使用者所引起的费用。此外，在信息披露之前提请会计师事务所提供鉴证服务的审计费用也应归入信息披露的间接成本中去。第三，竞争劣势成本。如果企业资源披露的信息过多，那么就增加了把其并不愿为人所知的商业秘密无意间公开出去的可能性。特别是不慎让有竞争关系的其他企业知晓了企业的商业秘密，其他企业就能够据以采取各种不利于企业的各种行动，从而导致企业在行业竞争中处于劣势。另外，一些与企业具有各种利害关系的单位或个人也会以已掌握企业商业秘密作为要挟，提高与企业进行“谈判、谈判、再谈判”反复博弈获胜的可能性。所以企业自愿披露的信息过多，就会利于竞争对手和利害关系人产生更准确的不利于企业的决策，企业在竞争过程中就处于被动挨打的境况，竞争劣势成本也无形地放大。

如前已述，无论是在与企业签订借款契约、在企业正常经营过程中，还是在企业破产和企业并购过程中，股东都存在利用其信息优势地位来侵占债权人利益的可能性。例如，企业可利用信息噪音来干扰债权人，使缺乏足够信息搜寻能力的债权人无法准确及时地从企业提供的信息中寻找到有利于其做出正确决策的信息，债权人所获取的信息的价值肯定会低于预期。另外，信息的不对称现象也存在于企业不同债权人之间，企业可以刻意隐瞒它和所有债权人之间债务融资的具体信息，这有利于企业获得更多新的贷款资金和更低的贷款成本。反过来，债权人无法准确知晓债权优先级别比自己更高的具体的债权信息，也无法有效地保护自身利益。一旦企业无法按契约约定偿还到期债务而导致企业依法破产时，债权人特别是普通债权人遭受的损失就会非常严重。这将不利于债务资本市场的健康运行，因为理性的债权人在做出这样的预判后，往往会通过提高利率或退出债务市场以进行自身利益保护，从而严重打击市场信心。所以我们有必要创建一种能解决债权人和企业之间问题的自动履约机制，有效的信息传递机制可以使缺乏足够信息搜寻能力的债权人搜寻到决策有用信息的成本大为减少，反过来就很好地约束了企业的失约行为，有助于自动履约机制的创建。

对于无管制的自由市场，有效的信息传递机制需要信息的强制披露。首先，强制披露可以降低交易成本。科斯定理认为，在市场交易的过程中，如果交易成本为零，那么交易的效率就不会受到任何影响。但现实世界是摩擦的，交易过程中也必定会产生交易成本，这是制度得以正常运行必然要付出的代价，而信息不对称问题是导致市场交易成本存在的根本原因。现实中金融市场内也不例外，交易过程中也存在信息不对称问题，交易成本也不可能为0，但是我们可以通过一些措施最大限度地降低交易成本。我们可以通过强制披露制度安排强制公司披露信息，若不披露将给予惩罚，这样就可以最大限度地降低债权人和企业之间信息不对称的程度，从而降低交易成本。其次，强制披露可以预防持续契约的不确定。证券市场内部存在许多利益主体，如证监会、券商、上市公司、股东、债权人等，这些利益主体的利益函数并不一致，所以为规范市场交易行为，约束不同利益主体之间博弈，就产生了许多不同的契约。当市场内无不确定因素时，这些契约可以有效保证多方交易主体进行有序的交易。但世界是不确定的，市场上不确定因素会引致风险的发生。强制性信息披露能够及时地使投资者意识到风险，提前采取行动降低契约的不确定性。最后，强制披露可以避免信息市场出现“劣币驱逐良币”现象。资本市场能否实现有效配置市场资源的功能离不开高质量的信息产品。高质量的信息产品更有利于投资者做出正确的决策，自觉完成资源高效配置过程。因此，完善的信息披露规则在实践中发挥了巨大作用。如果无强制信息披露规则，关于“信息”这一特殊产品的信息就不充分，信息利用者就无法正确判断信息产品质量的高低，就会减少信息产品的运用，相应的高质量信息提供方就会减少信息产品市场上的信息存量，造成了信息市场信息产品的短缺。同时，优质信息产品的逐渐退出会造成劣质的信息产品大量充斥信息市场，就会造就信息产品“柠檬市场”。

三、强制性信息披露与债权人保护

（一）基于债权人保护的强制性信息披露的供求分析

1. 信息产品需求

债权人的构成非常复杂，有来自不同领域的（如银行、协会、上游企业供应商等），也有资产规模大小不同的（如大债权人和小债权人），它们形成了一个异质群体。虽然债权人都是对债务企业提供债务融资，但是不同贷款规模和不同贷款期限都会影响到债权人的预期投资回报。因此，各自情况的不同会影响到不同类型的债权人对企业提供的信息有不同的需求。

混合债权人是众多债权人中比较特殊的一种，它实际上属于混合型投资者，既持有公司的一部分股权，也掌握公司的一部分债权。他们一般先以股东的身份参与到目标公司中去，然后再对其提供债务融资。因为混合债权人具有股东身份，所以他们比较容易获取公司各种信息，可以随时查阅公司的相关资料，可以随时觉察到公司的动态。可见，此类债权人因为他们特殊的身份，已经充分了解企业内部的重要信息，强制性信息披露就算只限定于一些基本信息层面上，他们也能很好地保护自身利益。

大债权人即使没有法律的帮助，通常也具备获取公司信息的能力。大债权人在准备向某一公司提供债务融资时，通常会要求对方提供他们想了解的详细信息，如公司信用状况、发展规划、当前财务状况等。如果融资企业不提供它们所需要的信息，就会降低对融资企业的融资规模甚至不予贷款。有债务融资需求且经营情况好的公司会积极主动地把公司内部信息披露给大债权人以获取它们的青睐。特别是当大债权人本身属于大型债权投资机构时，公司主动披露信息行为还可以获取它们对公司的高信用评级，有利于公司未来的发展。因此，从大债权人来说，强制性信息披露对它们的意义主要体现在信息搜寻成本的降低上。

中小债权人和大债权人相比较而言，就遭受到更多的信息获取的限制，所以他们获取信息的能力在所有债权人中属于最弱的。中小债权人无法凭自己的能力掌握企业的真实情况，也就无法通过自身能力与融资企业签订融资契约。那么，通过债务契约来保护自身利益，对中小债权人来讲就不是那么现实，因此，他们往往只能通过效仿大型债权投资机构的行动进行自我保护。强制性信息披露的价值主要体现在对此类债权人保护上。

2. 信息产品供给

上市债务公司各方面实力明显强于非上市债务公司，这就直接导致两者的信息供给能力存在明显的差异，而且这个差异是无法变更的，因此，对这个差异的正确认识对债权人做好防范工作有重要意义。

（1）上市债务公司[①]。

上市债务公司虽然有能力进行信息的详细披露，但是其并非就有动力向投资者披露。促使上市债务公司对外提供翔实的信息，往往有这两方面的原因：一是完善的强制披露规则的要求，如果上市债务公司不对债权人提供法律规定内容的话，就要受到来自监管机构一定的惩罚；二是在上市债务公司有债务融资的需求，为吸引债权人对其融资，他们会积极主动披露公司各方面的信息。因此，当债务资本市场中的需求方处于激烈的竞争状态下时，债权人获取翔实公司信息就变得非常容易，此时的强制披露规则对于上市债务公司只需要有一套统一的特定标准就足以充分保护债权人。

（2）非上市债务公司。

非上市债务公司的资产规模一般比上市债务公司小，实力也相对

---

① 国内还没有上市债务公司和非上市债务公司的说法，主要是为防止标题过长，而做的特殊处理。上市债务公司就是债务公司为上市公司的别称，而非上市债务公司就是债务公司为非上市公司的别称。

较差，直接导致信息供给能力较差。主要有这两方面原因：一是强制披露的成本虽然绝对金额不会太大，但是其相对于规模较小公司的运营成本来说，可能占有相当的比例。这种公司一般不愿把过多的费用投入信息的生产、披露过程中，从而直接导致信息生产和信息披露的人力和物力不足，也就难以保障信息披露的翔实。二是非上市债务公司在市场上竞争力往往不强，如果有太多的内部信息被外界所知，就更不利于公司的生存和发展，故他们不期望过多地将自身信息披露在外。

（二）基于债权人保护的强制性信息披露规则

1. 披露原则

（1）明晰性。

模糊不清的言辞和解释会误导债权人从而导致风险。小债权人会由于微弱的讨价还价能力而进入一个较为糟糕的境况，他们将承担与大债权人不一样的风险。故信息披露应要求详细的信息，能解释一下难以理解或模糊不清的内容。例如，来自年度财务报表的数据，当他们决定披露年度财务报表信息时，其书写或解释应清晰明了，否则它将会使债权人混淆不清，或者成为公司为债权人带来风险的托词。

（2）可理解性。

可理解性是相对于具有一定理解能力的特定对象来讲的，小债权人并不具有大债权人那样的理解能力。当小债权人没有足够的讨价还价能力对债务人施加压力让他们披露易于让小债权人可以理解的财务数据，他们不得不效仿追随大债权人来自我保护。然而，有时候这些提供给小债权人的保护是微乎其微的，也是我们难以理解的。所以可理解性的信息披露原则要求应尽可能披露易被分析和理解的信息以保护所有债权人利益。

（3）及时性。

及时性是使强制性披露有效的一个重要因素。当前的公司信息及时，债权人才能有效地利用强制性披露保护自己。定期报告是披露公司信息的一个好的方式。我们需要采取措施保证信息的及时性，只有这样才能保证债权人能获取及时的信息。

（4）标准化。

标准化的一个要求是所有信息披露者必须按照同样的披露标准披露被要求披露的信息，这样才有利于企业间披露数据的比较。上市公司因有证监部门对其进行规制，一般具有同样的信息披露标准，如统一的月报、年报披露格式与内容的要求。但是，小公司没有能力处理大量的信息，它们绝大部分不披露它们的财务信息，债权人很难获取小公司的财务数据。无论对小公司利益还是对债权人利益，小公司信息披露必须实行标准化。为有助于债权人有效获得公司信息，在规范公司信息披露行为时，政府应制定一个统一的披露标准。一个可行性的解决方案是按照规模的标准对公司进行重新细分，对特定的公司限制予以标准化。

2. 披露内容

当公司对某一类信息的披露动机缺乏或不足，但该类信息又属于债权人进行自我保护所不能缺少的信息时，那么这类信息就应该属于强制披露的信息。筛选这类信息要基于这么一些原则：第一，债权人决策需求原则。需要披露的信息一定对理性的债权人的交易决策产生影响，如果此类信息没有披露，那么债权人进行的交易决策会为债权人带来严重损失。第二，信息披露成本效益原则。公司作为信息供给方披露信息需要付出成本，而信息需求方却能够节约大量搜寻成本。为平衡供需双方的利益，我们不能要求公司披露债权人所有想得到的信息，也不可能满足，只有那些对债权人有重大影响而债权人又无法获取的则必须强制披露。第三，保护商业秘密原则。信息披露太多就会把公司的商业秘密传递出去，对公司利益有重大影响特别是严重威胁到公司生存的信息，不能强制公司披露。

依据以上原则所确定强制信息披露的内容并不能完全满足理性债权人决策有用性的要求。我们还需要考虑以下几种信息：第一，公司信用信息。公司信用是维系公司和债权人正常关系的基础，而信息充分披露又是双方建立信用关系基础，对债权人保护有非常重要的意义，那么是不是公司所有有关信用信息都必须让债权人知晓呢？笔者认为，我们不能简单地只维护债权人利益而不顾企业利益，故在这里主要指公司重大违约、重大诉讼、承担法律责任等公司信用信息，它们应该纳入强制披露范畴。第二，公司偿债能力信息。公司资产信用决定企业净资产的多少是维护债权人利益最直接的保障基础，但发行债券、转让重大资产、提供重大担保等行为会动摇这个基础，同时债权人也很难获取这些重大信息，那么它也应纳入强制披露范畴。第三，软信息。当潜在的债权人考虑是否为某个债务人提供贷款时，他们通常需要考虑一些软信息，如客户满足信贷义务的意愿、客户的财务储备、客户经营现金流之外的满足信贷义务的能力等。但是，迄今为止，债权人的这些考虑还没有通过强制性披露得到保证。如果这些信息能被强制性披露，那么债权人就会获得更大的安全性。这样，债权人就会更愿意提供贷款、降低债务人贷款的成本。投资者就能更好地利用这些资产获取更大的利益。

3. 披露途径

目前在我国，除了上市公司由证监部门又另外指定报刊、网站披露途径外，其他公司信息披露便于获取的途径只有工商行政管理机关披露一种[①]。但仅仅通过工商行政管理机关披露公司信息是远远满足不了债权人的需求，其只能披露如公司住所、经营范围、经营期限、股东出资、信用等级等基本信息。何况在实践中某些地方工商机关还故意为社会公众设置公司信息查询障碍，无异于加大债权人自我保护的难度。所以为实现债权人利益的有效保护，我国应在完善工商机关信息披露平台基础上新建其他信息披露平台。借鉴国外实践经验，我国可以构建以工商机关和中介机构分别为主体的信息披露平台，给予

① 非上市公众公司属于特殊群体，证监会对其信息披露的监管主要定位与股东的沟通，披露途径也可以自选，所以我们认为债权人想获知的信息也更多来工商机关披露平台。

它们不同分工，互相补充。工商机构披露的信息应以公司基础性、有监管色彩信息为主，如公司注册设立信息和年报信息，而中介机构应侧重于提供公司履约违约、重大诉讼等需要强制披露的信息。我国很多中介机构如会计师事务所、投资公司以及征信机构等都可以承担这个责任。关于以中介机构为主体的信息披露平台上的强制性信息来源，由公司自行提供当然最好，这样一方面减少信息收集成本，另一方面是担心一不小心侵犯公司商业秘密。但中介机构也可以在不触犯法律法规、不伤害公司利益前提下依法收集。实践证明，征信机构可以满足这个要求，它能够根据法院公开的判定，也能够根据政府信息公开行为来收集信息。

为使债权人获取高质量信息，应让债权人具有更容易更及时地获取信息的途径。信息之价值贵在及时。随着电脑的普及，公司信息的披露可以采取以下两种有效的方式：第一，公司网址。可以要求公司将债权人所需要的信息披露在其网站上的一个特定地方，链接所有法律和其他要求归档和披露的所需文件。债权人能够及时充分获取自己需要的公司各方面信息，有利于降低债权人信息搜寻成本。第二，电子归档系统。为回避及时披露障碍，可以通过电子归档现代化公司披露。该系统能通过连接公司网站（各公司存放和更新自己相关信息的地方）来有效地归档和更新。

4. 信息披露保障机制

（1）立法。

我国现有的《公司法》和《证券法》里涉及的信息披露制度虽然已十分完善，但其出发点是主要维护股东利益，而不是以债权人利益为主，债权人利益保护只是其副产品。应该说，我国主要以债权人利益保护为主的信息披露制度尚未以立法的形式单独确定下来。于2014 年 10 月 1 日在我国正式实施的针对公司的信息披露制度问题的《企业信息公示暂行条例》还非常简陋，它既没有包括一些企业履约违约、涉诉等信息，同时也没有涉及企业重大经营风险行为方面的信息，而这些信息恰恰是能体现该企业的信用行为和能力的信息。为帮助债权人执行交易前更多地了解公司的信息情况，以实现利益自我保护，《公司法》应设置一个章节主要就公司信息披露制度作一些详细性的规定，规定信息披露类型、披露内容、信息披露途径、披露过程中涉及的组织信息披露主体和被披露主体的责任与义务等各方面的问题。同时政府还应该组织工商管理部门、中介机构等统一制定信息披露规则（包括格式、技术要求）和确定信息公示平台，从而为债权人高效获取公司信息提高便利。另外，公司信息公示平台应对社会公众开放，不设置任何信息查询障碍。

（2）执行。

为使强制性信息披露在债权人保护方面变得更有效，有效执行是非常重要的。

第一，要明确披露责任。在实际工作中，为提高信息披露的执行效率，最有效的措施就是责令信息披露主体担负信息披露责任，而且披露主体的负责人也必须负有相应的民事及刑事责任。债务公司和资本市场内的中介机构是资本市场上的主要两类信息披露主体，究竟选择哪一类信息披露主体更有利于信息披露的执行呢？笔者认为，中介机构更有利于我们达到目的，我们应该责令中介机构及负责人去担负信息披露责任，要求他们必须提供高质量的信息披露，有效保障信息披露供给，否则予以法律惩罚。理由有三：首先，选择处于债务危机的债务公司去承担低质量的信息披露责任是没有任何效率的，发生债务危机的公司往往资不抵债，如果由他们去承担责任无异于加深对债权人利益的损害；其次，债务公司负责人由于受到经济惩罚，要让利一部分给债权人以弥补债权人损失，但其在公司里享有的资产未必能满足债权人的利益诉求；最后，中介机构通过向社会公众提供信息产品来获取收益，就应该对产品质量负责，而且中介机构由于之前有了获利，有足够赔偿债权人的实力。

第二，要严格制裁。我国还大量存在因为强制披露违规而遭到惩罚的上市公司，可以说违规行为是屡禁不止，很显然我国现有的惩罚制度还远远无法达到对上市公司的惩戒作用，所以加大惩罚力度是监管部门的必然选择：首先，我国的民事责任赔偿制度要完善，特别是证券民事责任的强化；其次，真正加大对披露违规上市公司的处罚力度，要大到使其无法承受；最后就是加大沪深交易所的处罚权限。对那些违规严重的或对处罚措施拒不接受的上市公司，证券交易所可暂停其在交易所挂牌交易或变更交易方式，甚至是直接取消其上市资格。

第三，引进偿付能力测试。偿付能力测试能更好地帮助债权人获取所需要的前瞻性的软信息。有些司法活动已经进行过偿付能力测试，如澳大利亚和新西兰国家就运用过流动性测试。为保护债权人可以在公司和其股东间利润分配和资本交易时借助偿付能力测试。偿付能力测试至少可以基于两个不同的测试：流动性测试和资产负债表测试。在流动性测试中，持续经营的企业在利润分配后应有充足的现金流满足即将到期的债务。在资产负债表测试中，利润分配后企业的资产至少满足它的负债要求和其他规定。

信息不对称下的
企业债权人
保护研究

Chapter 7

第七章 研究结论、政策建议与展望

本章作为本书的最后一章，首先对本书的研究结论进行了总结，并在此基础上进一步提出了其他的政策建议，然后对研究过程中的主要创新点进行了归纳，最后指出本书仍然存在的研究局限以及未来可以进一步拓展的研究空间。

第一节　研究结论

在强调企业中小股东权益应受到广泛关注的同时，我们不能忘了同为企业融资方的债权人也属于相对弱势群体。与企业内部的股东和管理者相比，债权人处于劣势地位，股东和管理者有足够的空间和足够的能力去实施对债权人利益的侵占，并且这种侵占行为可能发生在企业向债权人融资时，也可能发生在企业债务融资后的存续期间，还可能发生在企业破产重整期间，当然几乎发生在债权人与企业产生代理关系中的每一个节点上。而且，我国对债权人利益保护的制度安排远远没有对中小股东利益保护那么完善。正是基于这样的背景，本书以信息不对称和代理理论为基础，对债权人保护做出了较为系统的研究。本书的研究结论主要在于：

（1）选取了近20年发生的轰动全国的几个案件进行了扫描，得出我国的法律、制度和信息环境对债权人利益的保护都不够充分，具体来说就是，第一，弱法律保护；第二，破产制度成为企业逃债的工具；第三，政府干预过度；第四，银行自我保护能力缺乏；第五，资本市场上的信息失真。

（2）通过模型构建，有效地使高质量企业和低质量企业实现“分离均衡”，从而为实现债权人自我保护奠定基础。由于信息不对称下的标准还贷契约无法彻底根除逆向选择问题，也无法规避银行信贷风险。因此，笔者采用了一种改进还贷契约，希望借此能够实现分离均衡，有效地把高质量企业与低质量企业区分开，从而使银行有效回避信贷风险，最大化银行期望收益。改进还贷契约的具体安排如下：我们根据企业第一期所投资项目的收益状况和第一期期末的违约状况（实际上就是观察企业在第一期末是否按照预先的约定还贷）来决定是对企业进行惩罚或奖励。假如在第一期期末，企业违约了，就会受到一定的处罚；反之，银行应给予企业奖励。

(3) 在企业持续经营期间，当控股股东与管理者非合谋情况下：第一，对控股股东侵占债权人利益行为惩罚力度越大，债权人受保护的力度越大，债权人对控股股东侵占利益行为的监督需求就越小；第二，随着控股股东所能控制的项目收益比例的增加，债权人对控股股东的监督力度会变小；第三，随着利益侵占成本增加，债权人可以减少对控股股东监督的力度；第四，当控股股东侵占的比例变大时，债权人应加大对控股股东的监督力度；第五，债权人监督成本越大，控股股东侵害债权人利益可能性就越高。当控股股东与管理者合谋情况下：第一，对控股股东侵占债权人利益行为惩罚力度越大，债权人受保护的力度越大，债权人对控股股东侵占利益行为的监督需求就越小；第二，随着控股股东所能控制的项目收益比例的增加，债权人对控股股东的监督力度会变小；第三，债权人投入的资金力度越大，控股股东侵占利益的空间越大，债权人越要加强对控股股东的监督力度；第四，债权人监督成本越大，控股股东侵害债权人利益可能性就越高。

(4) 研究了企业持续期间发生企业并购时债权人保护问题。首先分析了债权人在并购过程中，并购无论是对主并购企业债权人还是对目标企业债权人都产生了双向效果，有积极和消极两个方面影响，然后分析了并购过程中债权人由于信息不对称和无并购参与权及决策权导致其处于弱势地位，最后提出通过完善异议权和知情权，设计债权人派生诉讼制度和明确债权人损害赔偿请求权来提高债权人保护。

(5) 研究了企业破产重整期间债权人保护。通过模型分析为债权人在破产重整中做出对自己最有利的决策提供指导。当债务企业重

整成功概率为 $q \geq q''$ 时，债权人要选择重整；否则，债权人立即要求清算企业。债务企业破产前的债务总量 D 越大，债务企业重整成功的概率越小，在此情况下，债权人宜尽早清算以最大限度地保护自身利益。当 R_1 越小时，q^* 越大，债权人愿意重整的概率变大，企业重整成功的概率也变大，表明债权人愿意免除的债务越大，债权人越希望重整，债务企业和债权人越容易就破产重整达成一致意见，重整过程中的目标也越容易一致，从而增大了重整成功率，债权人利益也得到了保护。

（6）研究了债权人利益的保护机制。立法和执法是债权人保护的制度关键，我国必须通过立法的完善和执法效率的提高来保护债权人。信息不对称是影响债权人利益最主要的因素，强制性信息披露可以有效地解决信息不对称问题，为加强对债权人利益的保护，必须加强对企业信息披露的强制约定。

第二节　政策建议

一、合理确立债权人在公司治理中的参与权

通过控股股东与债权人博弈模型构建分析，我们发现债权人的行为决策显然影响了双方博弈结果，所以债权人显然有参与公司治理的动力。考虑到银行债权人相比其他债权人无与伦比的能力优势。因此，我们可以借鉴国外先进国家的经验，将银行纳入公司治理的一个主体。

银行债权人是公司主要的利益相关者，根据利益相关者治理理论，引入银行债权人可以充分发挥债权人的治理功能，而且从现实情况看，这样操作也是可行的。第一，由于银行具有相当的专业化优势，具备高水平的信息处理能力，能很好发挥其监督优势；第二，银

行债务契约能有效约束代理人行为，可以有效防止利益相关者的利益受到侵害；第三，我国银行现已具有较完善的公司治理结构，从而有力地保障其监督质量。

理论与现实都为银行参与公司治理打下坚实的基础，但结果却令债权人难免失望。出现这种情况，有《商业银行法》规则不允许金融机构持有公司股票因素，也有《公司法》把债权人排除在非破产期公司治理外因素，还有银行管理层本质上缺乏参入公司治理的动机。

鉴于这样一种情况，银行参入公司治理只能采取变通的方式。银行可以以监事身份参入公司治理，可以向公司委派高级管理者担任董事，参入董事会。银行有权参与到公司重大决策中去，特别是公司贷款投资过程中的监督，对公司不适当的投资行为可以单独提交否决报告。需要注意的是，债权人参与公司治理是力图保障自身权益，而非干涉企业行为，故其参入程度也不能过深。但是一旦公司计划进行重大重组，或公司已经严重陷入财务困境时，债权人在法理上就应该拥有深入参与公司治理的地位，否则债权人利益就难以自保。

二、政府干预适度

经济学家们运用各种研究范式充分证明了资本市场上信息不对称的存在使市场上存在着大量的“噪音”，市场各参与主体无法掌握充分的、真实的决策有用信息，从而难以做出正确的战略选择。在这种情况下，市场配置资源的效率将大打折扣，甚至导致“市场失灵”。通过前面的研究，我们知道，当控股股东和公司管理层进行合谋时，他们将会比非合谋情形下有更大的侵占债权人利益的可能性，债权人为保护自身利益，就需要投入更大的监督成本。但债权人不可能会无限增大自己的监督成本，当他们无法承受监督成本时，会选择诸如退出债务资本市场，不再贷款给企业，此举显然会破坏债务市场的有效运行。因此说，政府存在一定的干预市场空间，这是市场得以正常运行的必然要求。尤其是我国仍处于经济转轨期间，与市场经济体制配套的一系列制度还存在很多的缺陷，保证市场秩序的良好运行还存在很大的挑战，政府的适时干预更显得弥足珍贵，故我国政府必须对市场秩序进行干预。但是又有研究表明，国家控制和政府干预会加剧债权人利益受损程度，不利于社会经济效率的提高。在郑百文事件中，从郑百文的正常经营到破产重组，拥有股东身份的政府为债务企业作担保，完全不符合现代企业制度的要求。从东星航空的成败史看，该公司从最初的组建成立到最终的破产清算过程，政府始终扮演重要的角色，当然，最终还是债权人成为最大的受害者。赛维破产重整案也暴露出当下由政府主导的破产重整的一些弊端。虽然我国司法解释上有一些规定（如清算组成员可以有政府部门派员）在某些地方直接成为当地政府官员加上其他专业人员组成，此时，法院指定清算组为重整管理人，实际上是企业破产重整由政府来主导，以致整个债务重整程序存在较大瑕疵，企业估值和清偿率过低，严重损害了债权人的利益，因此，政府干预必须适度。

现代市场经济处于一个“市场失灵”和“政府失灵”并存的局面。之所以有政府的干预，就是因为有“市场失灵”的存在。哪里有“市场失灵”，政府干预就会出现在哪里。在我国这样的现实情况下，市场如果能够自我解决那就是非常理想的状况，否则一般先由社会自治组织去帮助协调，只有存在他们都解决不了的问题时，政府才应该适时站出来。因此说，政府干预的空间虽然是局限于“市场失灵”范围，但并不是只要有“市场失灵”，政府就展开行动。另外，在“市场失灵”的某些时候，道德也存在相对优势，所有有些范围内，道德不会被法治取代。这就是政府干预的度，并不能超过这个界限，是否能把握这个界限也是政府的干预能力的体现。

政府适度干预体现在两个方面：对干预范围和干预手段度的把握和控制，也就是干预正当性和干预谨慎性两方面度的把握。所谓干预正当性，就是看政府在干预行动之前是否有法律的授权，不得随意而为。而所谓的干预谨慎性，就是要注意政府的干预行为是否合理，要充分追求市场控制和国家控制的有机结合，要很好地把政府行为控制在合理的边界上。适度干预实际上要求政府在干预之前应对自己的能力有一个客观性的认识，同时对当时的市场情况进行充分调查研究。应该说，我国政府干预手段极为丰富，有行政方式也有法律方式，但法律赋予的公权力是要求其很好保护市场各方交易主体的利益，所以政府应当从全能的、神秘的、任性的、权力的、专断的政府转向有限的、阳光的、诚信的、有责任的、民主的政府。当然，我国国情告诉我们，实践中政府的有些干预市场行为还缺乏充分的法律依据，因而适度干预要求必须积极转变政府职能，使其逐渐规范化、法治化，不是通过政府监管部门的政策方式干预市场，而主要通过法律方式来干预市场。如果政府职能实现了规范化和法治化，那么政府干预市场就不会再那么随意，同时也使其干预行为合法化，政府职能也不会出现权力异化现象。

三、完善债权人相关法律保护制度

我国目前存在的破产法是债权人利益保护的主要法律，但是无论如何，其仅仅是一种事后补偿机制，其实现的对债权人保护具有一定的限度，是在债权人利益大部分已经被侵害后才允许债权人拥有企业的控制权。现实也残酷地告诉我们，债权人尤其是普通债权人的债务偿还率还非常低。所以为实现对债权人利益更好的保护，就应该对我国目前的公司法做一些修改，改掉目前以保护股东利益为主的局面。可以在公司法现有的条款中赋予股东和高级管理者更高的保护债权人的责任，也可以单独增设一个专门章节来构建债权人保护体系，甚至可以赋予债权人参与公司治理的更大便利。

第三节　研究局限和研究展望

考虑到我国关于债权人利益保护的研究更多局限在《公司法》和《破产法》下的探讨，所以，本书尝试进行较为全方位的、系统的理论与实证研究，但由于笔者的理论水平有限，这种尝试也必定意味着诸多不足之处，导致了本书存在一些难以回避的局限，归纳起来主要体现在以下几个方面：

第一，研究对象的特定性问题。公司债权主要通过三个渠道形成：①银行贷款；②商业经济活动的赊欠；③发行公司债券。由于银行债权人更有能力、更有动力去考察企业实力，监督企业行为，所以本书在债权人自我保护研究中所提到的债权人更多的是指银行债权人，其他债权人更多的是参照银行债权人的行动。但是，客观现实是，不同类型的债权人具有不同的自我保护能力，而书中并没有分别对不同类型债权人进行细分研究。特别是公司债券持有者，随着我国上市公司发行公司债券量的扩大，若以公司债券持有者作为主要对象来进行研究，相信这是一个非常有意义的切入点。

第二，研究方法的深入性。尽管笔者在企业持续经营中以及破产重整期间利用博弈论构造模型分析得出债权人有效保护自身利益的一些启示。但是，笔者始终觉得自身博弈论理论和信息经济学理论水平尚浅，没有构造出更精准的模型进行分析，这是一个遗憾。

第三，研究结论的有待证实性。如果有充足的、可靠的财务数据，可以对控股股东控制下债权人利益自我保护和破产重整中债权人利益自我保护结论进一步进行实证研究，将会更完善、更有说服力。由于笔者的能力有限，无法在本书完成之前达成之一目标，这也是将来笔者进一步的努力方向。

第四，研究内容尚可进一步深入。在企业财务困境期间，是企业流动不足抑或是无法偿还到期债务引起？若能有更好的模型去甄别究竟是哪种原因所引起，那么对债权人保护将起到一个非常重要的作用。在破产期间债权人保护研究过程中，我们还发现强势的债权人和弱势的债权人存在内部伤害情况，因此，异质债权人间的利益冲突的协调有利于债权人利益的最大化，间接起到对债权人利益的保护。通过近 20 年债权人利益受损的扫描，可以发现政府干预在其中起到非常重要的影响，但由于描述政府干预程度的数据无法准确获取，尚不能量化分析政府干预对债权人保护的影响程度。笔者相信这些内容的研究对债权人保护将会起到积极的作用，但由于本书完成时间的紧迫性，笔者只能在未来的研究过程中不断去完善。

信息不对称下的
企业债权人
保护研究

附　录

附录 A　中国等五国治理指标得分和等级位

年份	美国		印度		中国		韩国		日本	
	得分	等级位	得分	等级位	得分	等级位	得分	等级位	得分	等级位
2006	1.13	87.56	0.19	56.94	-0.55	37.32	0.84	73.21	1.35	89.95
2007	1.15	86.60	0.11	56.94	-0.45	41.15	1.02	82.78	1.33	89.47
2008	1.16	85.10	0.09	56.73	-0.33	45.19	0.85	76.44	1.32	88.94
2009	1.17	86.26	0.02	54.98	-0.32	45.50	0.98	81.52	1.30	88.15
2010	1.16	85.78	-0.04	54.50	-0.33	45.02	0.99	81.52	1.33	88.15
2011	1.13	84.98	-0.11	52.11	-0.39	43.19	1.02	81.22	1.30	86.85
2012	1.15	85.92	-0.09	53.05	-0.48	39.44	0.98	79.81	1.33	87.32
2013	1.15	85.92	-0.08	53.05	-0.45	40.85	0.93	78.87	1.42	89.67
2014	1.39	87.50	-0.09	54.81	-0.33	42.79	0.98	80.77	1.60	89.42
2015	1.36	87.98	-0.06	55.77	-0.34	43.75	0.95	80.77	1.51	89.42

附录 B　高质量企业有关公式的计算

一、改进契约中的计算

我们假设 $GR_1^l < Q_{1i} < GR_1^h$，$GR_2^l < Q_{2i} < GR_2^h$，那么改进契约中的一些公式就可以分别改写为：

$$(1-p_{11})GR_1^l + p_{11}Q_{11} = (K_1 - W_1) \tag{B1}$$

$$(1-p_{21})GR_2^l + p_{21}Q_{21} = (K_2 - W_{21}) \tag{B2}$$

$$(1-p_{11})\Omega_1^{h-} + p_{11}\Omega_1^{h+} = 0 \tag{B3}$$

此外，$W_{21} = GR_1^h - Q_{11} + \Omega_1^{h+}$ 的概率为 p_{11}；$W_{21} = \Omega_1^{h-}$ 概率为 $1-p_{11}$。

①当 $W_{21} = GR_1^h - Q_{11} + \Omega_1^{h+}$ 时，$(1-p_{21})GR_2^l + p_{21}Q_{21} = (K_2 -$

W_{21}）即可表述为：

$(1-p_{21})GR_2^l+p_{21}Q_{21}=K_2-(GR_1^h-Q_{11}+\Omega_1^{h+})$，所以有

$p_{21}Q_{21}=K_2-(GR_1^h-Q_{11}+\Omega_1^{h+})-(1-p_{21})GR_2^l$，

另有 $S_{21}=\min(K_2, GR_1^h-Q_{11}+\Omega_1^{h+})$

则有：

$$
\begin{aligned}
E_{21}[w_{31}] &= (1-P_{21})\max[GR_2^l-Q_{21}(w_{21}),0]+P_{21}[GR_2^h-Q_{21}(w_{21})] \\
&\quad +GR_1^h-Q_{11}+\Omega_1^{h+}-S_{21} \\
&= P_{21}[GR_2^h-Q_{21}(w_{21})]+GR_1^h-Q_{11}+\Omega_1^{h+}-S_{21} \\
&= P_{21}GR_2^h-P_{21}Q_{21}(w_{21})+GR_1^h-Q_{11}+\Omega_1^{h+}-S_{21} \\
&= p_{21}GR_2^h-K_2+(GR_1^h-Q_{11}+\Omega_1^{h+})+(1-p_{21})GR_2^l \\
&\quad +GR_1^h-Q_{11}+\Omega_1^{h+}-S_{21} \\
&= p_{21}GR_2^h-K_2+2(GR_1^h-Q_{11}+\Omega_1^{h+})+(1-p_{21})GR_2^l \\
&\quad -\min(K_2, GR_1^h-Q_{11}+\Omega_1^{h+})
\end{aligned} \tag{B4}
$$

②当 $W_{21}=\Omega_1^{h-}$ 时，$(1-p_{21})GR_2^l+p_{21}Q_{21}=(K_2-W_{21})$ 即可表述为：

$(1-p_{21})GR_2^l+p_{21}Q_{21}=K_2-\Omega_1^{h-}$，所以有：

$p_{21}Q_{21}=K_2-\Omega_1^{h-}-(1-p_{21})GR_2^l$，

另有 $S_{21}=\min(K_2, \Omega_1^{h-})=\Omega_1^{h-}$

则有：

$$
\begin{aligned}
E_{21}[w_{31}] &= (1-P_{21})\max[GR_2^l-Q_{21}(w_{21}),0] \\
&\quad +P_{21}[GR_2^h-Q_{21}(w_{21})]+\Omega_1^{h-}-S_{21} \\
&= P_{21}[GR_2^h-Q_{21}(w_{21})]+\Omega_1^{h-}-S_{21} \\
&= P_{21}GR_2^h-P_{21}Q_{21}(w_{21})+\Omega_1^{h-}-S_{21} \\
&= P_{21}GR_2^h-K_2+\Omega_1^{h-}+(1-p_{21})GR_2^l+\Omega_1^{h-}-\Omega_1^{h-} \\
&= P_{21}GR_2^h-K_2+\Omega_1^{h-}+(1-p_{21})GR_2^l
\end{aligned} \tag{B5}
$$

根据式（B4）和式（B5）各自对应的概率为 p_{11} 和 $1-p_{11}$，就可以计算出 $E_{11}[w_{31}(gX1)]$。

$$
\begin{aligned}
&E_{11}[w_{31}(gX1)] \\
&= P_{11}\{p_{21}GR_2^h - K_2 + 2(GR_1^h - Q_{11} + \Omega_1^{h+}) + (1-p_{21})GR_2^l \\
&\quad - \min(K_2, GR_1^h - Q_{11} + \Omega_1^{h+})\} \\
&\quad + (1-P_{11})\{P_{21}GR_2^h - K_2 + \Omega_1^{h-} + (1-p_{21})GR_2^l\} \\
&= P_{21}GR_2^h - k_2 + (1-P_{21})GR_2^l + (1-P_{11})\Omega_1^{h-} + 2P_{11}(GR_1^h - Q_{11} + \Omega_1^{h+}) \\
&\quad - P_{11}\min(K_2, GR_1^h - Q_{11} + \Omega_1^{h+})
\end{aligned} \tag{B6}
$$

二、标准契约中的计算

我们假设 $GR_1^l < Q_{1i} < GR_1^h$，$GR_2^l < Q_{2i} < GR_2^h$，那么，$W_{21} = GR_1^h - Q_{11}$的概率为 p_{11}；$W_{21} = 0$ 概率为 $1-p_{11}$。改进契约中的式（B1）、式（B2）以及式（B3）在标准契约中仍然可以成立。

①当 $W_{21} = GR_1^h - Q_{11}$时，$(1-p_{21})GR_2^l + p_{21}Q_{21} = (K_2 - W_{21})$ 即可表述为：

$(1-p_{21})GR_2^l + p_{21}Q_{21} = K_2 - (GR_1^h - Q_{11})$，所以有：

$p_{21}Q_{21} = K_2 - (GR_1^h - Q_{11}) - (1-p_{21})GR_2^l$，

另有 $S_{21} = \min(K_2, GR_1^h - Q_{11})$

则有：

$$
\begin{aligned}
E_{21}[w_{31}] &= P_{21}[GR_2^h - Q_{21}(w_{21})] + GR_1^h - Q_{11} - S_{21} \\
&= P_{21}GR_2^h - K_2 + (GR_1^h - Q_{11}) + (1-p_{21})GR_2^l \\
&\quad + GR_1^h - Q_{11} - S_{21} \\
&= P_{21}GR_2^h - K_2 + 2(GR_1^h - Q_{11}) + (1-p_{21})GR_2^l \\
&\quad - \min(K_2, GR_1^h - Q_{11})
\end{aligned} \tag{B7}
$$

②当 $W_{21} = 0$ 时，$(1-p_{21})GR_2^l + p_{21}Q_{21} = (K_2 - W_{21})$ 即可表述为

$(1-p_{21})GR_2^l + p_{21}Q_{21} = K_2$，所以有：

$p_{21}Q_{21} = K_2 - (1-p_{21})GR_2^l$，

另有 $S_{21} = \min(K_2, 0) = 0$

则有：

$$
\begin{aligned}
E_{21}[w_{31}] &= (1-P_{21})\max[GR_2^l - Q_{21}(w_{21}),0] \\
&\quad + P_{21}[GR_2^h - Q_{21}(w_{21})] - S_{21} \\
&= P_{21}[GR_2^h - Q_{21}(w_{21})] - S_{21} \\
&= P_{21}[GR_2^h - Q_{21}(w_{21})] \\
&= P_{21}GR_2^h - K_2 + (1-p_{21})GR_2^l \qquad (B8)
\end{aligned}
$$

根据式（B7）和式（B8）各自对应的概率为 p_{11} 和 $1-p_{11}$，就可以计算出 E_{11} ［w_{31} （X1）］。

$$
\begin{aligned}
&E_{11}[w_{31}(X1)] \\
&= P_{11}\{P_{21}GR_2^h - K_2 + 2(GR_1^h - Q_{11}) + (1-p_{21})GR_2^l \\
&\quad - \min(K_2, GR_1^h - Q_{11})\} + (1-P_{11})\{P_{21}GR_2^h - K_2 + (1-p_{21})GR_2^l\} \\
&= P_{21}GR_2^h - K_2 + (1-p_{21})GR_2^l + 2P_{11}(GR_1^h - Q_{11}) \\
&\quad - P_{11}\min(k_2, GR_2^h - Q_{11}) \qquad (B9)
\end{aligned}
$$

很明显，用式（B6）去减式（B9），所得的差为：

$$
\Delta = P_{11}\Omega_1^{h+} + P_{11}\min(k_2, GR_1^h - Q_{11}) - P_{11}\min(k_2, GR_1^h - Q_{11} + \Omega_1^{h+}) \qquad (B10)
$$

当 $GR_2^h - Q_{11} < K_2 < GR_2^h - Q_{11} + \Omega_1^{h+}$ 时，上式可以转化为 $\Delta = p_{11}\Omega_1^{h+} + p_{11}(GR_1^h - Q_{11} + k_2)$，此时 $p_{11}\Omega_1^{h+} > 0$，而 $GR_1^h - Q_{11} - k_2 < 0$，所以上式此时实际就存在等于 0 的可能性。

附录 C　低质量企业有关公式的计算

一、低质量企业签订改进契约的计算

在这里，我们仍然会假设 $GR_1^l < Q_{1i} < GR_1^h$，$GR_2^l < Q_{2i} < GR_2^h$。因为低质量企业冒充了高质量企业，所以此时有 $Q_{12} = Q_{11}$，我们知道当企业是高质量企业时，有：

$$(1-p_{11})\min[Q_{11},GR_1^l]+p_{11}\min[Q_{11},GR_1^h]=(K_1-W_1) \quad (C1)$$

虽然低质量企业能冒充高质量企业签订了改进契约，但是低质量企业获取高收益的概率仍然小于高质量获取高收益的概率，所以一定有：

$$(1-p_{12})\min[Q_{11},GR_1^l]+p_{12}\min[Q_{11},GR_1^h]<(K_1-W_1) \quad (C2)$$

由于 $GR_1^l<Q_{11}<GR_1^h$，那么就有 $W_{22}=GR_1^h-Q_{11}+\Omega_1^{h+}$ 的概率为 p_{12}；$W_{22}=\Omega_1^{h-}$ 概率为 $1-p_{12}$。为符合银行期望收益为 0 的假设，即有：

$$(1-p_{11})\Omega_1^{h-}+p_{11}\Omega_1^{h+}=0 \quad (C3)$$

考虑到有 $p_{12}<p_{11}$，故有：

$$(1-p_{12})\Omega_1^{h-}+p_{12}\Omega_1^{h+}<0 \quad (C4)$$

τ_2 时刻，$\min(K_2,W_{22})=S_{22}$，第二期契约约定的固定还贷额 Q_{21}（$Q_{22}=Q_{21}$）要满足银行期望收益为 0 的条件，所以有：

$$(1-p_{21})\min[Q_{21},GR_2^l]+p_{21}\min[Q_{21},GR_2^h]=(K_2-W_{21}) \quad (C5)$$

同理，有：

$$(1-p_{22})\min[Q_{21},GR_2^l]+p_{22}\min[Q_{21},GR_2^h]<(K_2-W_{21}) \quad (C6)$$

①当 $W_{22}=GR_1^h-Q_{11}+\Omega_1^{h+}$ 时，$(1-p_{21})GR_2^l+p_{21}Q_{21}=(K_2-W_{22})$ 即可表述为：

$(1-p_{21})GR_2^l+p_{21}Q_{21}=K_2-(GR_1^h-Q_{11}+\Omega_1^{h+})$，所以有：

$p_{21}Q_{21}=K_2-(GR_1^h-Q_{11}+\Omega_1^{h+})-(1-p_{21})GR_2^l$，

另有 $S_{22}=\min(K_2,GR_1^h-Q_{11}+\Omega_1^{h+})$，则有：

$$\begin{aligned}E_{22}[w_{32}]&=(1-P_{22})\max[GR_2^l-Q_{21}(w_{21}),0]\\&\quad+P_{22}[GR_2^h-Q_{21}(w_{21})]+GR_1^h-Q_{11}+\Omega_1^{h+}-S_{22}\\&=P_{22}[GR_2^h-Q_{21}(w_{21})]+GR_1^h-Q_{11}+\Omega_1^{h+}-S_{22}\\&=P_{22}GR_2^h-\frac{P_{22}}{P_{21}}[K_2-(GR_1^h-Q_{11}+\Omega_1^{h+})-(1-P_{21})GR_2^l]\\&\quad+GR_1^h-Q_{11}+\Omega_1^{h+}-\min(K_2,GR_1^h-Q_{11}+\Omega_1^{h+})\end{aligned} \quad (C7)$$

②当 $W_{22}=\Omega_1^{h-}$ 时，$(1-p_{21})GR_2^l+p_{21}Q_{21}=(K_2-W_{22})$ 即可表述为

$(1-p_{21})GR_2^l+p_{21}Q_{21}=K_2-\Omega_1^{h-}$，所以有：

$p_{21}Q_{21}=K_2-\Omega_1^{h-}-(1-p_{21})GR_2^l$,

另有 $S_{22}=\min(K_2,\Omega_1^{h-})=\Omega_1^{h-}$，则有：

$$\begin{aligned}E_{22}[w_{32}]&=(1-P_{22})\max[GR_2^l-Q_{21}(w_{21}),0]\\&\quad+P_{22}[GR_2^h-Q_{21}(w_{21})]+\Omega_1^{h-}-S_{22}\\&=P_{22}[GR_2^h-Q_{21}(w_{21})]+\Omega_1^{h-}-S_{22}\\&=P_{22}GR_2^h-\frac{P_{22}}{P_{21}}[K_2-\Omega_1^{h-}-(1-P_{21})GR_2^l]\end{aligned}\tag{C8}$$

根据式（C7）和式（C8）各自对应的概率为 p_{12} 和 $1-p_{12}$，就可以计算出 E_{12}［w_{32}（gX1）］。

$$\begin{aligned}&E_{12}[w_{32}(gX1)]\\&=P_{12}\left\{P_{22}GR_2^h-\frac{P_{22}}{P_{21}}[K_2-(GR_1^h-Q_{11}+\Omega_1^{h+})-(1-P_{21})GR_2^l]\right.\\&\quad\left.+GR_1^h-Q_{11}+\Omega_1^{h+}-\min(K_2,GR_1^h-Q_{11}+\Omega_1^{h+})\right\}\\&\quad+(1-P_{12})\left\{P_{22}GR_2^h-\frac{P_{22}}{P_{21}}[K_2-\Omega_1^{h-}-(1-P_{21})GR_2^l]\right\}\\&=P_{22}GR_2^h-\frac{P_{22}}{P_{21}}K_2-\frac{P_{22}}{P_{21}}(1-P_{21})GR_2^l+\frac{P_{12}(P_{22}+P_{21})}{P_{21}}(GR_2^h-Q_{11}+\Omega_1^{h+})\\&\quad+\frac{P_{22}(1-P_{12})}{P_{21}}\Omega_1^{h-}-P_{12}\min(K_2,GR_2^h-Q_{11}+\Omega_1^{h+})\end{aligned}\tag{C9}$$

二、低质量企业签订标准契约中的计算

我们假设 $GR_1^l<Q_{1i}<GR_1^h$，$GR_2^l<Q_{2i}<GR_2^h$，那么，$W_{22}=GR_1^h-Q_{12}$ 的概率为 p_{12}；$W_{22}=0$ 概率为 $1-p_{12}$。该契约中一些公式可以分别改写为：

$$(1-p_{12})GR_1^l+p_{12}Q_{12}=(K_1-W_1)\tag{C10}$$

$$(1-p_{22})GR_2^l+p_{22}Q_{22}=K_2-W_{22}\tag{C11}$$

①当 $W_{22}=GR_1^h-Q_{12}$ 时，$(1-p_{22})GR_2^l+p_{22}Q_{22}=(K_2-W_{22})$ 即

可表述为：

$(1-p_{22})GR_2^l+p_{22}Q_{22}=K_2-(GR_1^h-Q_{12})$，所以有：

$p_{22}Q_{22}=K_2-(GR_1^h-Q_{12})-(1-p_{22})GR_2^l$，

另有 $S_{22}=\min(K_2,\ GR_1^h-Q_{12})$，则有：

$$
\begin{aligned}
E_{22}[w_{32}] &= P_{22}[GR_2^h-Q_{22}(w_{22})]+GR_1^h-Q_{12}-S_{22}\\
&= P_{22}GR_2^h-K_2+2(GR_1^h-Q_{12})+(1-p_{22})GR_2^l\\
&\quad -\min(K_2,GR_1^h-Q_{12})
\end{aligned}
\tag{C12}
$$

②当 $W_{22}=0$ 时，$(1-p_{22})GR_2^l+p_{22}Q_{22}=(K_2-W_{22})$ 即可表述为：

$(1-p_{22})GR_2^l+p_{22}Q_{22}=K_2$，所以有 $p_{22}Q_{22}=K_2-(1-p_{22})GR_2^l$，

另有 $S_{22}=\min(K_2,0)=0$，则有：

$$
\begin{aligned}
E_{22}[w_{32}] &= P_{21}[GR_2^h-Q_{21}(w_{21})]+w_{22}-S_{22}\\
&= P_{22}[GR_2^h-Q_{22}(w_{22})]\\
&= P_{22}GR_2^h-K_2+(1-p_{22})GR_2^l
\end{aligned}
\tag{C13}
$$

根据式（C12）和式（C13）各自对应的概率为 p_{12} 和 $1-p_{12}$，就可以计算出 $E_{12}[w_{32}(X1)]$。

$$
\begin{aligned}
&E_{12}[w_{32}(X2)]\\
&= P_{12}\{P_{22}GR_2^h-K_2+2(GR_1^h-Q_{12})+(1-p_{22})GR_2^l\\
&\quad -\min(K_2,GR_1^h-Q_{12})\}+(1-P_{12})[P_{22}GR_2^h-K_2+(1-p_{22})GR_2^l]\\
&= P_{22}GR_2^h-K_2+(1-p_{22})GR_2^l+2P_{12}(GR_1^h-Q_{12})\\
&\quad -P_{12}\min(K_2,GR_2^h-Q_{12})
\end{aligned}
\tag{C14}
$$

当 $GR_2^h-Q_{11}<K_2<GR_2^h-Q_{11}+\Omega_1^{h+}$，用式（C14）去减式（C9），得到：

$$
\begin{aligned}
&E_{12}[w_{32}(X2)]-E_{12}[w_{32}(gX1)]\\
&= \left(p_{12}+\frac{P_{22}}{P_{21}}-1\right)K_2+\left(1-\frac{P_{22}}{P_{21}}-2P_{22}\right)GR_2^l\\
&\quad +P_{12}\{GR_1^h-Q_{12}\}-\frac{1-P_{12}}{P_{21}}P_{22}\Omega_1^{h-}-\frac{P_{12}(P_{22}+P_{21})}{P_{21}}(GR_1^h-Q_{11}+\Omega_1^{h+})
\end{aligned}
$$

参考文献

［1］白建军，许克显，任扬帆等．证券违法违规行为惩戒实效的实证研究［M］．北京：中国财政经济出版社，2006.

［2］卜玉竹．会计稳健性与债权人保护［D］．东北财经大学，2014.

［3］陈超，李镕伊．债券融资成本与债券契约条款设计［J］．金融研究，2014（1）.

［4］陈赤平．论债务融资契约中的利益冲突及其治理［J］．湘潭大学学报，2006（1）.

［5］陈冬华，蒋德权，梁上坤．监管者变更与执法精度［C］．2010 中国会计与财务研究国际研讨会论文集，2010.

［6］陈共荣，吕扬明．我国资本制模式变迁中的债权人利益——基于制度变迁过程的阶段周期理论分析［J］．管理世界，2007（2）.

［7］陈骏．高管薪酬激励会关注债权人利益吗？——基于我国上市公司债务期限约束视角的经验证据［J］．会计研究，2012（9）.

［8］陈若鸿．从新《公司法》修订看股东与债权人利益的平衡［J］．山西大学学报（哲学社会科学版），2006（4）.

［9］陈晓，陈小悦．A 股盈余报告的有用性研究——来自上海、深圳股市的实证证据［J］．经济研究，1999（6）.

［10］邓青．股权融资中的信息披露制度研究［M］．武汉：湖北人民出版社，2014.

［11］董志强．公司治理中的监督合谋——基于组织合谋分析框

架的理论研究［D］. 重庆大学，2006.

［12］冯兴俊. 美国公司盈余制度及变迁的启示：法律与会计关系处理、债权人保护［J］. 河北法学，2019（7）.

［13］傅穹，仇晓光. 强制性信息披露对债权人保护的法律变革［J］. 西南民族大学学报（人文社会科学版），2010（6）.

［14］高雷，何少华，仪垂林. 国家控制、政府干预、银行债务与资金侵占［J］. 金融研究，2006（6）.

［15］顾乃康，邓剑兰，陈辉. 控制大股东侵占与企业投融资决策研究［J］. 管理科学，2015（9）.

［16］韩晴，石水平. 澳大利亚债权人保护条款对我国的借鉴与启示［J］. 会计之友，2010（9）.

［17］郝项超，古志辉，程斌宏. 上市公司并购与债权人财富效应［J］. 经济学，2011（1）.

［18］何源. 股东与债权人利益冲突的静态博弈分析［J］. 会计之友，2010（4）.

［19］洪学军，李珍珍，谢尹琳. 新公司法对银行债权保护的影响及其应对［J］. 上海金融，2006（9）.

［20］胡元林. 债权人市场——债权人保护与公司治理［J］. 经济论坛，2005（5）.

［21］胡元木，王琳. 信息不对称、公司风险与债务期限结构［J］. 管理评论，2008（1）.

［22］黄辉. 公司资本制度改革的正当性：基于债权人保护功能的法经济学分析［J］. 中国法学，2015（6）.

［23］江伟，沈艺峰. 大股东控制、资产替代与债权人保护［J］. 财经研究，2005（12）.

［24］江伟. 大股东控制对资产替代及资本结构的影响［J］. 山西财经大学学报，2007（9）.

［25］江伟. 负债的两面性与公司价值［J］. 中国经济问题，

2004（6）.

［26］金邦贵．法国商法典［M］．北京：中国法制出版社，2000.

［27］拉菲·拉波塔等．投资者保护与公司治理［J］．经济社会体制比较，2001（6）.

［28］郎咸平．郎咸平说：公司的秘密［M］．北京：东方出版社，2008.

［29］郎咸平．中国家族企业控股与监管［J］．香港资本杂志，2001（8）.

［30］黎来芳，张伟华．控制权、外部履约机制与债务期限结构［J］．经济理论与经济管理，2008（10）.

［31］李秉祥．我国财务危机公司投资行为的财务特征分析［J］．中国管理科学，2003（4）.

［32］李帆，李志坚，张艺馨．企业破产重整中债权人利益的保护——两家上市公司破产重整案的启示［J］．经营与管理，2013（10）.

［33］李红梅．财务重述与债务融资的实证研究——来自中国资本市场的证据［J］．预测，2013（5）.

［34］李洁慧．公司治理与大贷款人利益保护问题研究［J］．山西财经大学学报，2010（11）.

［35］李丽．公司债券市场信息不对称和政府作用［J］．金融理论与实践，2006（5）.

［36］李维安．投资者保护微观效应文献综述：基于影响机制复杂性与结果多样性的新观察［J］．南开管理评论，2011（6）.

［37］李文红．上市公司自愿性信息披露水平影响因素实证研究［J］．财会通讯，2011（14）.

［38］李晓慧，杨子萱．内部控制质量与债权人保护研究——基于债务契约特征的视角［J］．审计与经济研究，2013（2）.

[39] 李心合．利益相关者财务论——新制度主义与财务学的互动和发展 [J]．中国财政经济出版社，2003.

[40] 李兴华．债权人利益保护与公司治理 [J]．法制与社会，2009 (1).

[41] 李志军，王善平．货币政策、信息披露质量与公司债务融资 [J]．会计研究，2011 (10).

[42] 理查德·A. 波斯纳．法律的经济分析（下）[M]．北京：中国大百科全书出版社，1997.

[43] 刘光波．论公司非股东利益相关者的法律保护机制——以债权人利益保护为例 [J]．甘肃金融，2013 (10).

[44] 刘疆．债务契约、财务报表操纵与债权人利益保护 [J]．新疆大学学报，2010 (9).

[45] 刘俊海．建议《公司法》与《证券法》联动修改 [J]．法学论坛，2013 (7).

[46] 刘圣妮，翟华云．金融发展水平、信息透明度与资产替代 [J]．财政研究，2011 (1).

[47] 刘一峰．我国债券市场发展现状分析及政策建议——基于债权人权益保护视角 [J]．财会通讯，2010 (3).

[48] 刘迎霜．论公司债债权人对公司治理的参与 [J]．财经理论与实践，2010 (1).

[49] 陆正飞，祝继高，刘婧．会计信息与债权人保护：理论分析经验证据及案例 [J]．会计之友，2008 (3).

[50] 吕竺笙．企业并购中的利益博弈与协调 [D]．复旦大学，2005.

[51] 罗党论，唐清泉．市场环境与控股股东"掏空"行为研究——来自中国上市公司的经验证据 [J]．会计研究，2007 (4).

[52] 罗炜，朱春艳．代理成本与公司自愿性披露 [J]．经济研究，2010 (10).

[53] 罗煜，何青，薛畅．地区执法水平对中国区域金融发展的影响 [J]．经济研究，2016 (7).

[54] 马曙光，黄志忠，薛云奎．股权分置、资金侵占与上市公司现金股利政策 [J]．会计研究，2005 (9).

[55] 帕特里·博尔顿，马赛厄斯·德瓦特里庞．合同理论 [M]．上海：格致出版社，上海人民出版社，2008.

[56] 潘克勤．政治关联、财务年报恶意补丁与债务融资契约——基于民营上市公司实际控制人政治身份的实证研究 [J]．经济经纬，2012 (3).

[57] 潘立志．银行相机治理与债权权益保护 [J]．金融理论与实践，2005 (11).

[58] 彭程，刘星．委托代理下公司非效率投资行为研究 [J]．生产力研究，2007 (8).

[59] 彭辉．对国有商业银行债权保护不足的信贷博弈分析 [J]．金融理论与实践，2007 (5).

[60] 仇晓光．公司债权人利益保护对策研究——以风险控制与治理机制为中心 [M]．北京：中国社会科学出版社，2011.

[61] 青木昌彦、钱颖一．转轨经济中的公司治理结构：内部人控制和银行的作用 [M]．北京：中国经济出版社，1995.

[62] 裘宗舜，饶静．股权结构、治理环境与利益输送——来自我国上市公司的经验证据 [J]．当代财经，2007 (9).

[63] 阮永平．金融控股集团道德风险问题研究——基于侵害债权人利益的视角 [J]．财经问题研究，2011 (8).

[64] 沈红波．我国上市公司债权人治理弱化及其对策 [J]．金融理论与实践，2005 (10).

[65] 司茹．政治关联与证券监管的执法效率 [J]．中央财经大学学报，2013 (6).

[66] 宋小保．股权集中，投资决策与代理成本 [J]．中国管理

科学，2013（8）.

［67］孙耀胜．论公司社会责任理论与债权人保护［J］．商业时代，2013（4）.

［68］孙永祥．公司治理结构：理论与实证研究［M］．上海：上海人民出版社，2002.

［69］孙铮，李增泉，王景斌．所有权性质、会计信息与债务契约——来自我国上市公司的经验证据［J］．管理世界，2006（10）.

［70］孙铮，刘凤委，李增泉．市场化程度、政府干预与企业债务期限结构——来自我国上市公司的经验证据［J］．经济研究，2005（5）.

［71］孙铮，刘凤委．债务、公司治理与会计稳健性［J］．中国会计与财务研究，2005（2）.

［72］唐任伍，魏成龙．论以债权人为主导的企业筛选机制［J］．改革，2002（6）.

［73］唐英．债权人参与公司治理与债权人利益保护之浅析［J］．吉林省经济管理干部学院学报，2007（6）.

［74］陶安．债务期限结构、公司价值和债权人保护［J］．广东金融学院学报，2007（7）.

［75］陶晓慧．会计稳健性、债务契约与债权人保护［J］．经济科学出版社，2010.

［76］童盼，陆正飞．负债融资、负债来源与企业投资行为——来自中国上市公司的经验证据［J］．经济研究，2005（5）.

［77］童盼，支晓强．股东——债权人利益冲突对企业投资行为的影响——基于中国上市公司的模拟研究［J］．管理科学，2005（5）.

［78］万良勇，魏明海．集团内部资本市场、银行债务与债权保护——来自中国上市公司的经验证据［J］．南方经济，2009（1）.

［79］万良勇，魏明海．金融生态、利益输送与信贷资源配置效

率——基于河北担保圈的案例研究［J］. 管理世界，2009（5）.

［80］汪世虎. 我国公司重整制度的检讨与建议——以债权人利益保护为视角［J］. 现代法学，2006（2）.

［81］王保树著，于敏，杨东译. 最新日本公司法［M］. 北京：法律出版社，2006.

［82］王承荣，余迪意. 论我国可转换公司债券债权人利益的法律保护［J］. 四川行政学院学报，2004（2）.

［83］王纯. 我国银行债权人参与公司治理路径的选择——考察日德银行参与路径［J］. 湖北警官学院学报，2013（2）.

［84］王海霞. 基于微观视角的债权人法律保护及经济后果研究［M］. 北京：经济科学出版社，2010.

［85］王会敏. 针对第三方的约定救济机制——公司债权人保护的新路径［J］. 北京社会科学，2016（7）.

［86］王雄元，王永. 上市公司信息披露策略的理论基础［J］. 审计与经济研究，2006（21）.

［87］王彦超，姜国华. 资金占用、民事诉讼与债权人保护［J］. 管理评论，2016（1）.

［88］王艳辉. 利益侵占外部制衡：一个基于债权人约束和博弈视角的研究［M］. 北京：经济科学出版社，2012.

［89］王艺霖，王爱群. 内控缺陷披露、内控审计与债务资本成本——来自沪市A股上市公司的经验证据［J］. 中国软科学，2014（2）.

［90］王勇. 保护可转换公司债债权人的一种制度设想——论建立可转换公司债债权人会议制度［J］. 河南社会科学，2005（11）.

［91］王远明，唐英. 债权人参与公司治理的主体和形式选择及大会制度［J］. 求索，2007（1）.

［92］王贞洁，沈维涛. 外部治理环境与上市公司债权人治理效率［J］. 山西财经大学学报，2012（3）.

[93] 王贞洁. 我国上市公司债权人治理效率——基于内部视角的联立方程研究 [J]. 中国经济问题, 2011 (3).

[94] 魏锋, 沈坤荣. 所有制、债权人保护与企业信用贷款 [J]. 金融研究, 2009 (9).

[95] 魏锋, 薛飞. 债权人权利保护法律颁布的市场反应——基于法和金融理论的研究 [J]. 财经研究, 2010 (4).

[96] 吴明礼, 戴荣波. 政治关联、信息披露质量与债务融资成本 [J]. 南京审计学院学报, 2015 (3).

[97] 西崎健司, 仓泽资成. 股票保有构成和企业价值 [Z]. 日本银行金融市场局工作报告, 2002

[98] 夏既明. 论债权人利益保护与银企关系再造 [D]. 湖南大学, 2003.

[99] 夏云峰. 影响上市公司债权人权益的因素分析 [J]. 会计之友, 2001 (11).

[100] 肖坤, 刘永泽. 债务结构对股权代理成本的影响——来自中国上市公司的经验证据 [J]. 山西大学学报 (哲学社会科学版), 200 (7).

[101] 肖永梅. 上市公司债务结构与债权人保护研究 [J]. 西南科技大学, 2006.

[102] 肖作平, 廖理. 大股东、债权人保护和公司债务期限选择——来自中国上市公司的经验证据 [J]. 管理世界, 2007 (10).

[103] 肖作平. 终极控制股东对债务期限结构选择的影响——来自中国上市公司的经验证据 [J]. 南开管理评论, 2011 (6).

[104] 谢军. 债务期限结构、公司治理和政府保护——基于投资者保护视角的分析 [J]. 经济评论, 2008 (1).

[105] 熊燕. "拜托债权人" 还是 "拜托机构投资者" ——论二者在代理冲突中的角色扮演 [J]. 山西财经大学学报, 2011 (7).

[106] 徐慧玲, 徐传华. 试论非完全信息下债权人和股东的博

弈均衡［J］．数理统计与管理，2009（7）．

［107］亚当·斯密．国富论［M］．唐日松等，译．北京：华夏出版社，2005.

［108］亚当·斯密．国民财富的性质和原因的研究：上卷［M］．北京：商务印书馆，1972.

［109］亚当·斯密．国民财富的性质和原因的研究：下卷［M］．北京：商务印书馆，1974.

［110］闫晨璐，杨慧．会计稳健性、债权人保护与债务契约的签订［J］．经济论坛，2011（4）．

［111］严鸿雁．论我国浮动抵押制度中债权人保护规则的完善［J］．武汉金融，2011（5）．

［112］杨华，汪兴隆．法律环境、金融结构与企业最优破产机制的经济学分析——对我国新企业破产法债务人机制的商榷［J］．经济管理（新管理），2007（22）．

［113］杨华．债权人保护：公司治理结构优化的一个重要领域［J］．中国金融，2004（2）．

［114］杨瑞龙、周业安．一个关于企业所有权安排的规范性分析框架及其理论含义——兼评张维迎、周其仁及崔之元的一些观点［J］．经济研究，1997（1）．

［115］姚少华，潘敏．债权人利益保护的不完备契约理论分析［J］．商业研究，2005（21）．

［116］叶建芳．企业生命周期、债权治理和资产减值［J］．财经研究，2010（9）．

［117］叶敏，罗航．构建我国债券持有人权益保护机制相关问题及若干建议［J］．西部金融，2012（1）．

［118］油永华．基于债权人保护视角的会计稳健性研究——以沪市非国有企业为样本的实证分析［J］．武汉理工大学学报（社会科学版），2015（1）．

[119] 袁春生，祝建军，汪涛武．债权人自我保护、能力差异与法治环境——基于证监会处罚公告的经验证据 [J]. 山西财经大学学报，2012 (1).

[120] 袁卫秋．沉默的债权人与大股东的控制权升水 [J]. 当代经济科学，2007 (3).

[121] 岳意定，邹福阳．基于博弈论视角的金融债权人利益保护 [J]. 中央财经大学学报，2007 (6).

[122] 张栋．控股股东控制、负债融资与企业投资 [J]. 证券市场导报，2008 (5).

[123] 张舫，李响．对证监会执法强度的实证分析 [J]. 现代法学，2016 (1).

[124] 张晖，赵涛．制约大股东侵害小股东利益的模式比较及启示 [J]. 中州学刊，2005 (2).

[125] 张建伟，李妍．中国商业银行的公司治理模式选择："股东至上主义"到"债权人主义" [J]. 管理世界，2002 (9).

[126] 张峻，刘健．《公司法》修订与商业银行信贷债权的维护 [J]. 金融论坛，2006 (4).

[127] 张鹏．债务契约论 [M]. 上海：上海财经大学出版社，2003.

[128] 张维迎．博弈论与信息经济学 [M]. 上海：上海人民出版社，2004.

[129] 张文显．法治与国家治理现代化 [J]. 中国法学，2014 (8).

[130] 张征超，刘思阳．区域金融发展差异下信息披露质量对债权人保护研究 [J]. 财会通讯，2016 (4).

[131] 张正国．融资契约论 [M]. 成都：西南财经大学出版社，2008.

[132] 张宗新，张晓荣，廖士光．上市公司自愿性信息披露行

为有效吗？——基于 1998 - 2003 年中国证券市场的检验［J］. 经济学（季刊），2005（1）.

［133］章铁生，林钟高，徐德信等［J］. 证券监管的选择性执行：以 IPO 核准为例．会计与经济研究，2016（3）.

［134］赵金龙．游离于公司法、破产法之间的债权人保护［J］. 商业研究，2011（12）.

［135］赵菁．论上市公司破产重整中的金融债权保护——基于重庆钢铁破产重整案例的实证分析与建议［J］. 法律适用，2018（11）.

［136］周秀华．股票市场对公司盈利报告的反应——从 2011 年第三季度中国 A 股财务报告看会计盈余信息对股价的影响［J］. 财经界：学术版，2013（15）.

［137］周振歧．基于债权人权益保障下的信贷契约设计［J］. 西南科技大学学报，2005（3）.

［138］朱慈蕴．公司法原论［M］. 北京：清华大学出版社，2011.

［139］朱慈蕴．公司资本理念与债权人利益保护［J］. 中国政法大学学报，2005（3）.

［140］祝继高．会计稳健性与债权人利益保护——基于上市公司关于贷款的法律诉讼的研究［J］. 会计研究，2011（5）.

［141］邹杨，荣振华．公司合并制度中效率与公平的配置［J］. 财经问题研究，2013（11）.

［142］Akerlof, George A., The Mark for "Lemons": Quality Uncertainty and the Market Mechanism, *Uncertainty in Economics*, 1970, 84（3）: 488 - 500.

［143］Alary, D., Gollier, C., Debt Contract, Strategic Default, and Optimal Penalties with Judgement Errors. *Annals of Economics and Finance*, 2004, 31（5）: 357 - 372.

[144] Albuquerque, R., Hopenhayn, H. A., Optimal Lending Contracts and Firm Dynamics. *Review of Economics Studies*, 2004 (71): 285 -315.

[145] Allen, F., qian and qian, Law, Finance, and Economic Growth in China, Journal of Financial Economics, 2001 (77): 57 -116.

[146] Anderson, R., Mansi S., Reeb D., Founding Family Ownership and the Agency Cost of Debt. *Journal of Financial Economics*, 2003 (68): 263 -285.

[147] Archishman, C., Bolge, Y., Adverse Selection and Convertible Bonds. *Review of Economics Studies*, 2011, 78 (1): 148 -175.

[148] Bagnani, E., Milonas, N., Saunders A., etc. Managers, Owners, and the Pricing of Risk Debt: An Empirical Analysis. *The Journal of Finance*, 1994, 49 (2): 453 -477.

[149] Ball, B., Bushman, M. R., and Vasvari, P. V., The Debt - contracting Value of Accounting Information and Loan Syndicate Structure. *Jorunal of Accounting Research*, 2008, 46 (2): 247 -287.

[150] Ball, R., Shivakumar, L., Earings quality in UK Private Firms. *Journal of Accounting and Economics*, 2005 (39): 83 - 128.

[151] Barclay, M., Smith, W., The Maturity Structure of Corporate Debt. *The Journal of Finance*, 1995, 50 (2): 609 -631.

[152] Berger, A. N., Espionosa - Vega, M. A., Frame, and W. S., Miller, N. H., Debt Maturity, Risk, and Asymmetric Information. *The Journal of Finance*, 2005, 60 (6): 2895 -2923.

[153] Berkovitch, E., Kim, E. H., Financial Contracting and Leverage Induced Over - and Under - Investment Incentive. *The Journal of Finance*, 1990, 45 (3): 765 -794.

[154] Berle, A. and Means, G., *The Modern Corporation and Private Property*. NewYork: Transaction Publishers, 1932

[155] Berlin, M., Loeys, J., Bond Covenants and Delegated Monitoring. *The Journal of Finance*, 1988, 43 (2): 397-412.

[156] Besanko, D., Kanata, G., Credit Market Equilibrium with Bank Monitoring and Moral Hazard. *Review of Financial Studies*, 1993, 6 (6): 213-232.

[157] Bogus, J., Bankruptcy Law, Asset Substitution Problem, and Creditor Conflicts. *International Review of Law and Economics*, 2002, 22 (2): 109-132.

[158] Bolton, P., Scharfstein, D. S., Optimal Debt Structure and the Number of Creditor. *Journal of Political Economy*, 1996, 104 (1): 1-25.

[159] Bruche, M., Creditor Coordination, Liquidation Timing, and Debt Valuation. *Journal of Financial and Quantitative Analysis*, 2011, 46 (5): 1407-1436.

[160] Bulow, J. I., Shoven, J. B., The Bankruptcy Decision. *Bell Journal of Economics*, 1978, 9 (2): 437-456.

[161] Carlier, G., Renou, L., Debt Contracts with "Ex-ante" and "Ex-post" Asymmetric Information: An Example. *Economic Theory*, 2006, 28 (2): 461-473.

[162] Chang, C., The Dynamic Structure of Optimal Debt Contracts. *Journal of Economic Theory*, 1990, 52 (1): 68-86.

[163] Charumilind. C., Kali, R., Wiwattanakantang, Y., Connected lending: Thailand before the Financial Crisis. *Journal of Business*, 2003 (1), 79: 181-218

[164] Chen, H. W., Chen, J. Z., Lobo, G. J., and Wang, Y. Y., Association between Borrower and Lender State Ownership and Accounting Conservatism. *Journal of Accounting Research*, 2010, 48: 973-1014.

[165] Claessens , S. , Djankov, S. , Fan, J. , Lang, L. H. , *Expropriation of Minority Shareholders in East Asia*, Washington, D. C: World Band, Manuscrip, 1999.

[166] Claessens , S. , Djankov, S. , Lang, L. H. , The Separation of Ownership and Control in East Asian Corporations. *Journal of Financial Economies*, 2000, 58 (1 -2): 81 -112.

[167] Defuseo, R. , Johnson, R. , Zorn T. The Effect of Executive Stock Option Plans on Stockholders and Bondholders. *The Journal of Finance*, 1990, 45 (2): 617 -627.

[168] Diamond, D. W. , Financial Intermediation and Delegated Monitoring. *Review of Economic Studies*, 1984, 51 (3): 393 -414.

[169] Diamond, D. W. , Monitoring and Reputation: The Choice between Bank Loans and Directly Placed Debt. *Journal of Political Economy*, 1991, 99 (4): 689 -721.

[170] Diamond, D. W. , Financial Intermediation as Delegated Monitoring: A Simple Example. *Federal Reserve Bank of Richmond Economic Quarterly*. 1996, 82 (3): 51 -66.

[171] Diamond, D. W. , Seniority and Maturity of Debt Contracts. *Journal of Financial Economics*, 1993, 33 (3): 341 -368.

[172] Faccio, M. , Langn, L. H. P. , Young, L. , Dividends and Expropriation, *The American Economic Review*, 2001, 91 (1): 54 -78.

[173] Fama, E. , Miller, M. , *The theory of Finance*, New York: Holt, Rinehart and Winston, 1972.

[174] Fama, E. F. , Agency Problems and the Theory of Firm, *Journal of Pllitical Economy*, 1980, 88 (2): 288 -307.

[175] Fama, E. F. , Fisher, L. , Jesen, M. C. , Roll, R. , The Adjustment of Stock Prices to New Information. *International Economic Review*, 1969, 10 (1): 1 -21.

[176] Flannery, M. J., Asymmetric Information and Risky Debt Maturity Choice, *The Journal of Finance*, 1986, 41 (1): 19 -37.

[177] Friedman, E., Johnson, S., Mitton, T.,, Propping and Tunnleing. *Journal of Comparative Economics*, 2003, 31 (4): 732 -750.

[178] Gale, D., Hellwig M. Incentive - Compatible Debt Contracts: The One - Period Problem. *Review of Economic studies*. 1985, 52 (4): 647 -63.

[179] Garcia - Teruel, P. J., Martinez - Solano, P., Sanchez - ballesta, J. P., Accruals Quality and Debt Maturity Structure, *Abacus*, 2010, 46 (2): 188 -210.

[180] Gennaioli, N., Rossi, S., Burkart M, etc. Bankruptcy, *Creditor Protection and Debt Contracts.* IIES Stockholm University and Stockholm School of Economics, 2006: 6

[181] Gorton, G., Kahn, J., The Design of Bank Loan Contracts. *Review of Financial Studies*, 2000, 13 (2): 331 -364.

[182] Goswami, G., Noe, T., Rebello, M., Debt Financing under Asymmetric Information, *The Journal of Finance*, 1995, 50 (2): 633 -659.

[183] Graham, J. R., Li, S., and Qiu, J., Corporate Misreporting and Bank Loan Contracting, *Journal of Financial Economics*, 2008, 89 (1): 44 -61.

[184] Grossman, S. J., Hart, O. D., Leland, L. E., *Corporate Financial Structure and Manageriao Incentives*, *The Economics of Information and Uncertainly*, Chicago: The University of Chicago Press, 1982.

[185] Hart, O., Moore, John., Default and Renegotiation: A Dynamic Model of Debt. *The Quarterly Journal of Economics*, 1998, 113 (1): 1 -41.

[186] Hart, Oliver D., Financial contracting. *Journal of Economic*

Literature, 2001, 39 (4): 1070 – 1100.

[187] Hess, J. D., Knoeber, C. R., Security and Penalty in Debt Contracts. *Journal of institutional and Theoretical Economics*. 1987, 143 (1): 149 – 167.

[188] Holderness, C. G., A survey of Blockholders and Corporate Control, *Economic Policy Review*, 2003, 9 (4): 51 – 64

[189] Holmstrom, B., Tirole, J., Financial Intermediation, Loanable Funds, and the Real Seetor. *The Quarterly Journal of Economics*. 1997, 112 (3): 663 – 691.

[190] Holthausen R. W., Leftwich R. W., The Consequences of Accounting Choice: Implications of Costly Contracting and Monitoring, *Journal of Accounting and Economics*, 1983, 5 (2): 77 – 117.

[191] Jain, N., Monitoring Cost and Trade Credit. Quarterly *Review of Economics and Fianace*, 2001, 41 (1): 89 – 110.

[192] Jensen, M. C., Meckling WH. Theory of The Firm: Managerial Behavior, Agency Costs And Ownership Structure. *Journal of Financial Economics*, 1976, 3 (4): 305 – 360.

[193] Jensen, M. C., Agency Costs of Free Cash Flow, Corporate Finance, and Takeovers. *The American Economic Review*, 1986, 76 (2): 323 – 329.

[194] Johnson, S., La, porta R., lopez – de – silance F., and Shleifer, A., Tunnelling. *The American Economic Review*, 2000, 90 (5): 22 – 27.

[195] Johnson, S. A., Debt Maturity and the Effects of Growth Opportunities and Liquidity Risk on Leverage. *Review of Financial Studies*, 2003, 16 (1): 209 – 236.

[196] Kahn, J. A., Debt, *Asymmetric Information and Bankruptcy*. Working Paper, 1991 (4)

[197] Khwaja, A. I., Mian, A., Do Lenders Favor Politically Connected Firms? Rent Provision in an Emerging Financial Market. *The Quarterly Journal of Economics*, 2005, 120 (4): 1371 -1411.

[198] Kim, W. S., Soresen, E. H., Evidence on the Impact of the Agency Costs of Debt on Corporate Debt Policy. *Journal of Financial and Quantitative Analysis*, 1986, 21 (2): 131 -144.

[199] La, Porta R., Lopez - de - Silanes, F., Shleifer, A, and Vishny, R. W., Investor Protection and Corporate Valuation. *The Journal of Finance*, 2002, 57 (3): 1147 -1170.

[200] La, Porta R., Lopez - de - Silanes, F., Shleifer, A., and Vishny, R. W., Investor Protection and Corporate Governance. *Journal of Financial Economics*, 2000, 58: 3 -27.

[201] La, Porta R., Lopez - de - Silanes, F., Shleifer, A., and Vishny, R. W., Legal Determinants of External Finance. *The Journal of Finance*, 1997, 52 (3): 1131 -1150.

[202] La, Porta R., Lopez - de - Silanes, F., Shleifer, A., and Vishny, R. W., Corporate Ownership around the World. *The Journal of Finance*, 1999, 54 (2): 471 -517.

[203] La, Porta R., Lopez - de - Silanes, F., Shleifer, A., and Vishny, R. W., Law and Finance, *The Journal of Policical Economy*, 1998, 106 (6): 1113 -1155.

[204] Lafond, R., Watts, R. L., The information Role of Conservatism, *Accounting Review*, 2011, 83 (2): 447 -478.

[205] Lang, M. H., Lundholm, R. J., Voluntary Disclosure and Equity offerings: Reducing Information Asymmtry or Hyping the Stock?, *Contemporary Accounting Research*, 2000, 17 (4): 623 -662.

[206] Leftwich, R. W., Accounting Informationin Private Markets: Evidence from Private Lending Agreements, *Accounting Review*, 1983, 58

(1): 23 -42.

[207] Leland , H. E, Toft , T. B. , Optimal Capital Structure, Endogenous Bankruptcy, and the Term Structure of Credit Spreads. *The Journal of Finance*, 1996, 51 (3): 987 -1019.

[208] Leland, H. E. , Pyle, D. H. , Informational Asymmetries, Financial Structure and Financial Intermediation. *The Journal of Finance*. 1977, 32 (2): 371 -387.

[209] Levine, R. , The Legal Environment, Banks and Long - Run Economic Growth. *Journal of Money Credit and Banking*, 1998, 30 (3): 596 -613.

[210] Longhofer, S. D. , Peters S R. Protection for Whom? *American Law and Economics Review*, 2004, 6 (2): 249 -284.

[211] Lou, Y. , Otto, C. A. , Creditor Dispersion and Debt Contract Terms, http: //www. docin. com/p -843806937. html

[212] Miller, M. H. , Rock K. Dividend Policy under Asymmetric Information. *The Journal of Finance*, 1985, 40 (4): 1031 -1051.

[213] Modigliani, F. , Miller, M. H. , The Cost of Capital, Corporation Finance and the Theory of Investment: Reply. *The American Economic Review*, 1959, 49 (4): 655 -669.

[214] Mooradian, R. M. , The Effect of Bankruptcy Protection on Investment: Chapter 11 as a Screening Device. *The Journal of Finance*. 1994, 49 (4): 1403 -1430.

[215] Myers, S. C. , Determinants of Corporate Borrowing. *Journal of Financial Economics*, 1977, 5: 147 -175.

[216] Nenova, T. , The Value of Corporate Voting Rights and Control: A Cross - country Analysis, *Journal of Finaccial Economics*, 2003, 68 (3): 325 -351.

[217] Pagano, M. , Roell, A. , The Choice of Stock Ownership

Structure: Agency Costs, Monitoring, and the Decision to Go Public, *The Quarterly Journal of Economics*, 1998, 113 (1): 187 -225.

[218] Prowse, S. D. , Institutional Investment Patterns and Corporate Financial Behavior in the United States and Japan. *Journal of Financial Economics*, 1990, 27: 43 -66.

[219] Rajan, R. G. , Insiders and Outsiders: The Choice between Informed and Arm's - length Debt. *The Journal of Finance*, 1992, 47: 1360 -1400.

[220] Ross, S. A. , The Determination of Financial Structure: the Incentive - Signalling Approach. *Bell Journal of Economics*, 1977, 8 (1): 23 -40.

[221] Shleifer, A. , Vishiny, R. W. , A Survey of Corporate Governance. *Journal of finance*, 1997, 52 (2): 737 -783.

[222] Smith, C. D. ,, Warner, J. B. , On Financial Contracting: Analysis of Bond Covenants. *Journal of Financial Economics*, 1979, 7 (2): 117 -161.

[223] Smith, J. K. , Trade Credit and Informational Asymmetry. *The Journal of Finance*, 1987, 42 (4): 863 -872.

[224] Spence, Michael. , Job Market Signalling, *Quarterly Journal of Economics*, 1973, 87 (3): 355 -374.

[225] Stiglitz, J. , Rothschild, M. , Equilibrium in Competitive Insurance Markets: An Essay on the Economics of Imperfect Information, *The Uncertainty in Economics*, 1991, 90 (4): 629 -649.

[226] Thi, V. O. , Anh, Q. , *Optimal Resolution of Financial Distress: A Dynamic Contracting Approach*. working papers, 2010

[227] Townsend, R. M. , Optimal Contracts and Competitive markets with Costly State Verification. *Journal of Economic Theory*, 1979, 21 (2): 265 -293.

[228] Wang, C. , Williamson, S. D. , Debt Contracts and Financial Intermediation with Costly Screening. *Canadian Journal of Economics*. 1998, 31 (3): 573 -595.

[229] Watts, R. L, Conservatism in Accounting Part1: Explanations and Implications. Accounting Horizons, 2003, 17 (3): 207 -221.

[230] Watts, R. L, Conservatism in Accounting Part2: Evidence and Research Opportunities. *Accounting Horizons*, 2003, 17 (4): 287 -301.

[231] Williamson, S. D. , Costly Monitoring, Loan Contracts, and Equilibrium Credit Rationing. *The quarterly Journal of Economics*, 1987, 102 (1): 135 -146.

[232] Yermack, D. , Flights of fancy: Corporate jets, CEO perquisites, and inferior shareholder returns, *Journal of Financial Economics*, 2006, 80 (1): 211 -242.

[233] Zhang, J. Y. , The Contracting Benefits of Accounting Conservatism to Lenders and Borrowers, *Journal of Accounting and Economics*, 2008, 45 (1): 27 -54.

[234] Zingales, L. , The Value of the Voting Right: A Study of Milan Stock Exchange Experience. *The Review of Financial Studies*, 1994, 7 (1): 125 -148.

后　记

和很多作者一样，本书是在我博士论文的基础上修改而成的。尽管博士毕业已经两年多了，但每当我触及对读博生涯的回忆时，内心深处都是五味杂陈。早在没有考上博士研究生之前，我就已经预料到在职攻读博士的艰辛，但是，从来没想到这个过程会给自己带来如此的痛苦，一路走来，只有自己能体会到属于自己的迷茫、退缩、抉择、辛酸、希望和坚持。

我硕士期间的专业是会计学专业，而博士研究生的专业为产业经济学。就因为专业的不断改变，以及经济学理论知识的薄弱，所以，对我来说，啃读经典经济学教材和文献就是一个非常巨大的挑战。在导师的辛勤的指导下，当自己艰难地啃下一本本经典经济学教材和一篇篇国外经典文献后，我才逐渐建立做好博士论文的信心。在论文的撰写过程中，我体会到更大的困难，由于缺乏相应的经济学模型构建的训练，论文的撰写进度非常缓慢，我甚至怀疑当初的读博选择是否正确，曾几度想放弃。但每当想起导师期许的眼光，家人默默的关爱，始终不敢彻底放弃。好在，这篇论文的撰写终于结束了，也许在别人的眼里看来，这篇论文尚有很多不足，但就我而言，已经尽了自己最大努力。虽然这个过程充满艰辛和痛苦，但我也享受到更大的喜悦。此时此刻，我最想表达的还是无限的感激。

我最想感谢的人是我的导师任剑新教授，是他引领我进入了经济学的殿堂，并结合我以前的专业悉心教授我博弈论、信息经济学、契约理论等前沿的经济学知识，让我能快速进入相关领域的研究中来。

在研究过程中，任老师付出了大量的心血，给予我不断地指引，不断鼓励，让我坚持了自己的选择。导师严谨、勤奋、求真、务实的治学态度，渊博的学识，开阔的学识视野，无不深刻地影响了我，更让我觉得我在导师面前，只能永远做学生。

感谢产业经济学的其他导师和老师们，尤其是胡立君教授、汪海粟教授、石军伟教授对我的论文提出的宝贵意见。同时也感谢给予我关心和支持的同门，特别感谢既是我师兄又是我单位领导的邓青博士，在我博士论文撰写的过程中给予了我极大的帮助。

从三十而立到四十不惑，正是需要承担起家庭责任的时期，我却不能全力地照顾家庭，没有家人默默的付出，不可能有这份能聊以自慰的博士论文。所以，我要感谢我的妻子胡静和儿子林广轩，妻子在医院工作，不但要负担繁重的工作任务，还要负担繁杂的家庭重任，儿子聪明健康、活泼可爱更是我前进的动力。感谢我的岳父岳母，他们使我在学习生活中没有经济压力，轻松前行。感谢我的父母这么多年来一直默默地关心和体谅。

博士论文的撰写完成，只是我未来人生的一个起点，未来还需要我更加刻苦努力，方能无愧于所有默默关心我的人，也祝福他们永远幸福！

林勇军

2019 年 10 月底